Maria Rosa

Angel Guimera

REPARTIMENT

PERSONATGES	ACTORS
MARÍA- ROSA.	D.ª Concepció Ferrer.
TOMASA	» Concepció Palá.
MARSAL.	D. Enrich Borrás.
QUIRSE.	» Vicens Daroqui.
BADORI.	» Enrich Gimenez.
JEPA	» Jaume Virgili.
CALAU	» Enrich Guitart.
XICH.	» Joan Llonch.

HOMES Y DONAS DEL POBLE.

Director artístich: D. Enrich Borrás

La escena en la época actual.

Acte primer

Al mitj una carretera. A la dreta arbres y rocas. A la esquerra, en primer terme, la porta d' una casa pobríssima; en segon terme la entrada d' un camí. Es al matí.

ESCENA PRIMERA

JEPA, BADORI. En Jepa atiant un foch, sentat á terra. En Badori sentat també á terra més cap á primer terme. Al foch hi ha un tupí: á prop dos ó tres plats, una botella, un sarró, un canti, etc.

JEPA

Ja m' ho penso, ja, que no deus haber menjat res. Los ganduls com tu més valdria que 's morissen de fam. *(Pausa.)* Ens partirém las sopas.

BADORI

Be, que me 'n donarán de feyna á la carretera?

JEPA

Ja veurás: d' aquí á una estona vindrá 'l capatás á pagarnos la quinsena. Jo li parlaré de tu, y... molt

será!... Si t' hi podías amarrar, tu la 'n treurías! Afigú-
rat que hi ha tasca per molts mesos, perque aquesta
carretera se 'n va, qui sab ahont.

BADORI

Es que com soch tant desgraciat...

JEPA

Desgraciat? Dropo ets; vethoaquí. D' ahont venías
ara?

BADORI

M' hi he estat al hospital; en bona fe. Y cuatre mesos
que m' hi he estat; d' uns tifus. Y al sortir me 'n ana-
va per aqueixos mons buscant feyna.

JEPA

Fent lo gandul!

BADORI, *aixecantse ofés y voléntsen anar.*

No m' ho digueu més gandul, que no ho soch. Y si
m' heu de maltractar... no 'n vuy de sopas.

JEPA

A seure desseguida! *(Dupta, torna á seure.)* Un
xicot més sá qu' una poma y me 'l trobo captant á vila!
Malaguanyat!... Aquí: y á obrir carretera! Bo!

BADORI, *mitj plorós.*

Es la primera vegada que capto; que d' ensá del di-
vendres que no menjo res. Ho sabeu?

JEPA

(Pobre xicot!) Corre, corre, porta més llenya.

*(En Badori anirá á un costat, aixugantse 'ls ulls; en
Jepa remena las sopas.)*

BADORI

Malviatja aquest mon!...

JEPA

(Lo meu fill, si fa no fa, ara tindria 'l temps d' aquest!)

BADORI, *tornant ab un feix de llenya.*

Que n' hi ha prou?

JEPA, *volent dir que n' ha dut massa.*

Ahont vas ab això? *(En Badori tira tota la llenya al foch.)* Massa foch, home!

BADORI

Aixi bullirán més depressa.

JEPA

Porta 'l plat, y que estigan com estigan.

BADORI, *volent en vá dissimular que te fam.*

Ja esperaré, ja. *(Acostántli per això 'l plat.)*

JEPA

Sí? *(Anantlo á deixar sens omplirlo.)*

BADORI, *arrebatat y plorós, trahintse.*

Déumeñ, déumen!

JEPA, *escudellantlo.*

(Y tanta gent que 'no ho sabrá may lo qu' es gana!) *(Badori's posa á menjar depressa.)* Ves á poch á poch, que no 't reprenguin, home. *(Agafantli 'l bras.)* Es- pérat ara, espérat. Te, beu un trago. *(En Badori beu ab la botella.)* (Fa cara de bon noy. Eh; no hi ha tants dolents com la gent diuhen.)

BADORI, *deixant la botella.*

Gracias. *(Tornant á aferrarse á las sopas.)*

JEPA

Y... cóm te dius?

BADORI

Badori.

JEPA

Badori? Quin sant es aquest?

BADORI

Em penso que deu ser Sant Badó. Y vos?

JEPA

Jo? Em dich Antón. Sino que tothom me diu Jepa.

BADORI, *rihent.*

Eh, eh! Quin nom! *(Mirantli dissimuladament la esquena.)* No sé perque us ho diuhen.

JEPA

M' ho diuhen perque tenía un fill que ho era de debó. *(S' escudella sopas pera ell que encara no n' havía menjat.)* Y com que jo m' enfadava perque li devan, me van comensar á anomenar lo pare d' en Jepa... lo pare d' en Jepa... en Jepa... Lo meu fill se va morir; y ara... ara m' agrada que m' ho diguin.

BADORI

Ja es tot un cas.

JEPA

Te, acábat las sopas.

(En Badori pren lo tupí que li dona en Jepa. Aquest segueix menjant en lo plat.)

ESCENA II

JEPA, BADORI, TOMASA, QUIRSE. Venen per la
carretera disputant.

TOMASA

Es que tu no la dius que no agravíhis.

QUIRSE

Com que sí que ho ets vella.

TOMASA

Vaig pe 'ls cuaranta, com tu.

QUIRSE

Un home no es vell may: las donas sí, que us pansiu
desseguida.

TOMASA

Embustero!

QUIRSE

A quí dius embustero? No sé com no 't confirmo.

TOMASA

Próvaho, valent. Ja sabs que ahir vas rebre.

QUIRSE

Ay batua de dona!

TOMASA

Pillo!

QUIRSE, *pegantli una bofetada.*

Aquesta ja es teva.

TOMASA, *tornantli.*

Donchs que passi.

(En Jepa riu seguint menjant. En Badori va á descom-
partirlos.)

BADORI

Qu' hem de fer! No us baralleu!

QUIRSE, *pegant á 'n Badori.*

Que passi.

(La Tomasa tambè li pega. Acaban las barallas.)

BADORI

Que m' heu pegat á mí!   *(Riu Jepa.)*

TOMASA

Perque t' hi ficas.

BADORI

Desprès que un hom los descomparteix!...

QUIRSE

Que n' has de fer tu?

TOMASA

Ens barallém perque 'ns dona la gana; que per aixó
'ns vam casar. Ay noy!

BADORI

No tingueu por que m' hi fiqui més.

QUIRSE

Qui es aquest minyó?

JEPA

Voldria travallar á la carretera.

QUIRSE

Ja sabrá 'l qu' es espotragarse. Oy, Tomasa?

TOMASA

Noy, mudarás la pell com las serps, y t' haurás d' entafurar en una cova... que si un hom no 's torna bestiola es un voler de Deu. Oy. Quirse?

JEPA

Ca; déixals dir.

QUIRSE

Jepa, que hauríau víst á la germana?

TOMASA

Déixala estar á la María Rosa, qu' es á rentar á la riera.

JEPA

Ab aquest li hem passat per la vora, y ni 'ns ha tornat lo bon dia.

BADORI

Jo m' he pensat qu' era sorda.

QUIRSE

Sorda!... Es que n' hi passan unas á la pobre!... Oy, Tomasa?

TOMASA

A n' ella? Al seu marit si que n' hi passan.

QUIRSE

Tot es hú: ves si á mí m' agafavan com al Andreu, y 'm portavan á Ceuta tu que farías.

TOMASA

Jo? Encomanarte á Deu y campármela.

QUIRSE

Llengua farías.

TOMASA

La llengua la tens tu, poca vergonya!

QUIRSE

A quí has dit poca vergonya?,

TOMASA. *pegantli un cop.*

A n' á tu.

QUIRSE

Te: 'l cambi. *(S' agafan.)*

TOMASA

Y si 't pensas que jo!...

QUIRSE

Es que á mí no m' has de batre!...

JEPA

Au, descomparteixlos.

BADORI

No pas per ara.
*(Tot barallantse é insultantse la Tomasa cau á terra:
arrencan de cop en una forta rialla marit y mu-
ller.)*

QUIRSE

Semblas una granota!

TOMASA, *alsantse.*

Ay, que m' has fet riure! La granota! Fill, no m' ho
diguis més, que 'm quedaria. *(Riuhen tots quatre
ben marcat.)*   Y 'l que t' he dit que faria si t' agafessin
ha anat de broma. Quirse, un home y prou.

(Aixó ho ha dit molt séria y convensuda)

QUIRSE

Com jo, dona.

JEPA

Y del marit de la María Rosa que 'n tením?

QUIRSE

D' ensá qu' es á Ceuta, ni aixís. Malaguanyat xicot!
Oy, Tomasa?

TOMASA

Sí que s' ho valía l' Andreu; y ab la María Rosa fe-
yan una parella!... Si encara 'ls veig lo dia del casori...
Oy, Quirse? Saps qui potser en sabrá alguna cosa del
Andreu? Lo Marsal. Se 'n ha anat á vila: y com allá...

JEPA

En Marsal; en Marsal...

QUIRSE

Que 'n teníu que dir del Marsal?

JEPA

Sí, ja ho sé que ha fet escriure á Ceuta per saber
del Andreu.

QUIRSE

Com qu' era 'l millor company que tenía.

JEPA

Uy! En Marsal... En Marsal!...

TOMASA

Vaja, ja ho cantareu aixó á la missa.

JEPA

Res; que jo 'm penso que ja voldría que l' Andreu
fos mort per casarse ab la María Rosa. Y qui no ho veu
es llusco.

TOMASA

Bon floch en treuría de casarshi! Boña minyona, es clar que ho es; pero dropa per la feyna!...

QUIRSE

Tu t' hi semblessis.

TOMASA

Be, callo, qu' es de la teva sanch. Més valdría que agafés una senalla com jo...

JEPA, *á la Tomasa.*

Veureu...

QUIRSE

Y deixéula dir: que s' esbravi.

TOMASA

Si, ja ho sabém qu' es molt sábia; y que una mestra l' havía tinguda d' ajudanta á estudi, perque deya qu' era molt aixerida. D' aixerida prou: si no se li hagués mort la mestra potser hauría arribat á gran senyora. Mes com se li va morir, mírat, de potetas al carrer y aquí ha parat, aquí, com nosaltres pecadors.

QUIRSE

Pero veyám: per qué li tens aquesta malicia á la pobra María Rosa?

TOMASA

Perque no s' escarrassa.

QUIRSE

Fa 'l que pot, que ja ho sé jo. Mírat, ara ella renta á la riera casi tota la roba de la brigada; y 'ls apedassa. y... Y tu aquí xerrant com una cotorra.

TOMASA

A quí dirás cotorra?

ESCENA III

TOMASA, QUIRSE, JEPA, BADORI y MARSAL. Durant part de la anterior escena en Badori ha fet més foch y ha posat lo tupí de las sopas altra vegada al foch. En Marsal ve del mitj al punt que anava á esclatar altra baralla entre To-masa y Quirse.

JEPA

En Marsal.

MARSAL

Ja us baralleu?

TOMASA

Noy, aixó 'us engreixa.

QUIRSE

Qué hi ha del Andreu?

MARSAL

Pobre xicot! Per aixó he anat á vila. Com que á Ceuta també n' hi ha un de cal baster, he pensat: ja que l' Andreu no escriu, potser si que pe 'l baster en sabrém alguna cosa.

TOMASA

Y qué t' ha dit?

MARSAL

Pobre xicot!

JEPA

Qui?

MARSAL

L' Andreu.

2

TOMASA

Com que 'l capatás mort era un bon home. Jo 'l vaig
veure l' endemá estés al mitj de la carretera... Y quan
somio sempre l' haig de tenir devant aquell remalehit
mort! Ey, Deu lo tinga al cel al capatás, que ell no
havia fet mal á ningú.

MARSAL

(Jirém la conversa.) Donchs que no 'ns pagan avuy?
Jepa, estich més alegre!... *(Exagerat.)*

JEPA

No deyas ara que estavas trist per l' Andreu?
(En Quirse y la Tomasa disputan á mitja veu.)

MARSAL, *seguint fingint alegría.*

Be, sí: aixó es un dir home. Mireu, m' he tirat d'
aquesta faixa. *(Se la desfá perque la veji en Jepa.)*

TOMASA

Marsal, eh que era mort lo capatás quan hi van anar?

QUIRSE

Eh que encara respirava?

MARSAL, *á en Jepa.*

Me n' hi fet... me n' hi fet cuatre pessetas menos
vuyt.

JEPA

Donchs jo hauría dit un duro.

TOMASA

Escolta: 'l capatás...

MARSAL

M' amohinéu! Me 'n vaig!

JEPA

Marsal; sembla que 't sab greu de parlarne.

MARSAL

Jo? Gens, ni gota. Es á dir: si que me 'n sap, per-
qu' erám molt amichs ab l' Andreu.

JEPA

Es clar, home.

MARSAL

(En Jepa mira com un jutje.)

TOMASA, á en Marsal.

Es que voldriam que 'ns ho contessis. Oy, Quirse?

QUIRSE

Ja veurás: quan la desgracia, tu, l' Andreu y la Ma-
ría Rosa travallavau á l' altra brigada, y allá va ser.

MARSAL, interrompentlo ab calor.

Y molta altra gent que hi travallava: més de trenta
homes. Com que allí l' havíam comensada la carretera.

QUIRSE

Entesos: mes jo vuy dir ab aixó que no hi eram no-
saltres; y que may hem pogut treure'n l' aygua clara;
perque la María Rosa 's posa á plorar y...

MARSAL, tamb.' ab molt calor.

Be, sí, la María Rosa 'l defensa á l' Andreu; pero la
cosa va quedar ben clara y ben probada.

JEPA

Jo tampoch hi era. Tu sí, Marsal.

MARSAL

Sempre torneu á la mateixa! Ja us he dit qu' eram
més de trenta homes.

TOMASA

Veyam; conta, conta.

MARSAL

Molt sensill. Que al plegar hi van haver grans dis-
putas á la brigada, perque 'l capatás ens havía rebaixat
lo sou de la quinsena sense dírnosho avans. Lo capatás
va fer l' home, y se 'n aná de la llengua; molts se li
tiraren assobre, y altres lo tragueren d' alli, que sinó!...
Ell duya un garrot, nosaltres res; y en las barallas... al-
guns van rebre. L' Andreu tenía una garrotada al cap,
y jo vaig sentir com deya que se 'n revenjaría: y com
de fet, que 'l va matar al capatás. Ja ho sabeu tot.

TOMASA

Y com, com lo va matar? Aixó, aixö.

MARSAL

Oh, aixó ell, que jo no ho vaig veure.

JEPA

Ja es prou que l' Andreu ho hagi negat sempre.

QUIRSE

Sempre!

MARSAL

Y que no ho havia de negar? Com que al capatás
ja 'l van trobar ben mort, qui podía xerrarho? Ey, ho
diuhen que 'l van trobar mort, que jo... á punta de dia
ja era á la feyna. Y, vaja: 's va veure ben be que ho
havia fet l' Andreu. Alló del mocador; aquell ganivet
brut de sanch, y que entrava just á la ferida... Y amés
amés de tot aixó, no 's va poder comprobar ahont ha-
via passat aquella nit l' Andreu. Ell deya que la nit
l' havia passada á casa seva. Qué havia de dir l' home?
La María Rosa 'l defensava. Que l' Andreu no havia
sortit de casa aquell vespre!... que havia passat la nit
ab ella!...

ESCENA IV

MARÍA ROSA, TOMASA, MARSAL, JEPA, QUIRSE, BA-
DORI. La María Rosa ve per l' últim terme de la esquerra
ab un cove de roba al cap: després de las primeras paraulas
deixa 'l cove á terra aixugantse la cara de l' aygua que li
regala.

MARÍA ROSA

Com que sí que la havia passada ab mí.

QUIRSE

Be, no se 'n parla més d' aixó

MARÍA ROSA

Ves si jo no ho sabré si 's va moure de casa aque-
lla nit!

TOMASA

Be, dona, tu t' adormirias y alashoras se llevaría l'
Andreu.

MARÍA ROSA

L' Andreu no ha fet cap mal. Ho he jurat devant d'
un Sant Cristo y devant del senyor Jutje, y ho juraría
cent vegadas més. Fins que 'm trobés al punt de la
mort que ho juraría!

MARSAL

Jo de tu diría lo mateix; encara que 'm fessin micas.

MARÍA ROSA

Miréuse que jo no puch sentirho aixó! Tothom, y
sempre, sempre contra 'l pobre Andreu! Valdría més
que l' haguéssin mort desseguida y á mi ab ell que no
patiríam tant. Aquella nit! Justament aquella nit!... Si

me 'n recordo com si fos ara! Se va fer fosch, y més
fosch, y no venia á sopar l' Andreu: á mi 'm matava l'
angunia! Al últim me 'l veig venir; y jo quina alegria!
Y 'ns posém á sopar com cada vespre. Ell travallava...
per mí y per ell á la carretera. Ja ho sabeu que no
éram richs, més de felissos!... no n' hi havia cap al
mon que ho fos com nosaltres! Donchs, sí; me va sem-
blar que estava un xich tristot aquell vespre, y si es no
es encés de cara. Jo que li dich:—Qué tens Andreu?—
Y ell alashoras me va contar que s' havian barallat
ab en Ramón lo capatás, y qu' ell havia rebut una ga-
rrotada al cap. Conteu jo!... Deixo 'l plat desseguida,
m' hi assech á la vora y li poso 'l cap á la falda; aquí,
y com lo caparró d' un nen de per tot lo mirava! Hi
tenía un trench, y en un manyoch de cabells la sanch
presa. No era res, més jo rihent y jugant com una boja
li vaig xopar lo cap ab aygua fresca y li vaig emboli-
car ab un mocador, mateix qu' una dona. A n' ell ja li
havía passat la malicia al capatás y reya com jo estre-
fent la cara y fentme l' ullet... Qu' éram ditxosos! Y 's
ficá al llit ab mi, y no 's va moure del meu costat, no!
Al matí, quan anava á llevarse per tornar á la feyna,
trucaren. Jo 'm vaig tirar unas faldillas, y á obrir des-
seguida.—Quí demana?—Obriu en nom de la lley!—
Aqui és á ca 'l Andreu.—Obriu! Obriu!—Y pegavan
cops de culata á la porta. Obro tota espantada y entran
uns mossos de la escuadra, y ab ells uns homes tots
negres, que un era 'l senyor jutje. L' Andreu ja s' ha-
via llevat.—De qui es aquest mocador?—em diuhen; y
'ns en ensenyan un tot rebregat y brut.—Es nostre;—
jo faig, y l' Andreu també. Mentrestant los mossos de
la escuadra regirávan nostra pobra casa; sota 'l mata-
lás, á la cuyna, per tot. Al últim venen ab un ganivet
que van trovar per terra. L' obren: era plé de sanch.—
Lo coneixes?—li diuheu al Andreu.—No. —No!—crido

jo també,—may hem tingut armotas!—No 'ns escoltan:
diuhen que l' han trobat á la entrada. Nos empenyen
al carrer. Quanta de gent mirantse á l' Andreu! Los
mossos de la escuadra se 'ns emportan carrer amunt y
després camí avall; y la gent seguintnos, y las criatu-
ras venint corrents á mirarse á l' Andreu de ben aprop
y fugint esparveradas! De cop, al devant nostre, un
mort en mitj d' un bassal de sanch; y féren que l' An-
dreu se 'l mirés fit á fit; y li donaren aquella arma pera
que la obrís tot mirantse 'l mort: y com lo pobret se
posá á tremolar y l' arma li caygué de las mans, lo se-
nyor jutje 's girá als altres senyors satisfet, y vaig sen-
tir que la gent deya:—Es ell, es ell l' assessino! S' ha
trahit l' Andreu, s' ha trahit!—No!—vaig cridar abras-
santmhi.—No ho ha sigut, no!—Y 'm vaig ajupir á te-
rra, y vaig cullir aquell ganivet, y com boja 'l vaig
posar á las máns del Andreu que ni 'm veya.— Te; y
aguántal ferm, fill meu, que 't volen perdre!—Y ell
tremolava de cap á peus, y entre 'ls dos lo sosteníam
aquell ganivet que feya por!... Mes un d' aquells ho-
mes m' apartá del Andreu.—Es l 'assessino!—Es l' as-
sessino!—Y 'l lligavan; y ell me mirá plorant; y jo hi
vaig corre volentli desfer ab las unglas y las dents
aquellas cordas! Y no me 'n tragueren d' allí, que m'
hi arrencáren!—María Rosa,—cridava 'l infelís,—María
Rosa, jo no ho he sigut! No t' ho creguis!—Y vaig
cáure rabiosa, mossegantme 'ls brassos y 'ls punys á
mi mateixa! Y no sé res més; que vaig quedar com
morta.

(Cau abatuda en una pedra. La Tomasa s' hi acosta.)

JEPA

No sé perque li deixeu contar aquestas cosas.

QUIRSE

S' empenya en parlarne y després, te.

TOMASA

Vaja, dona, no ploris. Mirat que avuy mateix hem de
pendre 'ls trastets per travallar á cinch horas d' aqui.

QUIRSE, *ab afecte*.

Tomasa, déixala que plori.

TOMASA

Quan fa la senyoreta la mataria; pero quan se posa
aixis... vaja, que no hi puch fer més.

(Arrenca en plor fort. Vol tornar á acostarshi.)

QUIRSE

T' he dit que la deixis.

TOMASA. *á mitja veu als altres*.

Y es tossuda, miréuse! Que no ho ha fet ell! Y que
no ho ha fet ell! Veureu, al pobre li havian clavat una
garrotada. Oy, Marsal?

MARSAL

Aixó mateix.

MARÍA ROSA

També 'l capatás te 'n havía clavat una, Marsal, y
ningú t' ha dit assessino!

MARSAL, *rápit*.

Es que 'l ganivet era á casa vostra.

MARÍA ROSA

L' havian tirat per sota de la porta.

MARSAL, *id*.

Y 'l mocador, digas?

MARÍA ROSA

No ho sé... Algú que 'ns l' hauría pres.

MARSAL, *satisfet.*

Ah!

QUIRSE

Vaja, dona; déixau corre. Ves á estendre la roba,
ves.

MARÍA ROSA

Ah, si jo ho descubrís qui va matar al capatás, y ha
perdut á l' Andreu!... y á mí mateixa! *(Tornant á
pendre 'l cove més no carregantsel ara al cap.)* Y 'l
cor m' ha dit sempre que jo ho sabré algun dia. Mireu:
no tinch forsas per res, Nostre Senyor m' ha fet ben
poca cosa; ara mateix rentant m' he girat aquesta mu-
nyeca... Mes d' esperit si que 'n tinch, si; y estich se-
gura de que algun dia 'm te de valdre! Anem á esten-
dre. *(Surt per la dreta.)*

ESCENA V

TOMASA, MARSAL, QUIRSE, JEPA, BADORI, CALAU y
al últim MARÍA ROSA.

TOMASA

Ves quan sápiga qu' está malalt l' Andreu!...

QUIRSE

Ja serás tú, ja, qui ho xerri.

TOMASA, *cremada.*

Jo?

CALAU, *ve del mitj.*

Ja es aquí 'l contractista, y no sé que s' empatolla:
que si 'ns pagarán la quinsena, que si no 'ns la paga-
rán...

JEPA

Qué dius!

TOMASA

Ay, Reyna Santíssima!

JEPA

Anemhi.

(En Jepa ja un xich de temps arreplegant plats, etc.)

QUIRSE

Y tu no fassis com altras vegadas.

TOMASA

Qué vols dir?

QUIRSE

Que no esvalotis.

TOMASA

Faré lo que 'm donga la gana.

QUIRSE

Es que jo no vuy que després...

TAMASA

Que 't pensas que 'm manarás?...

(Surten pe 'l mitj disputant.)

CALAU, *á Jepa.*

Diu qu' esperan los diners de la diputació: y la diputació... m' enteneu?...

JEPA, *á Badori.*

Au, que 't donarán feyna.

BADORI

Tantdebó!... *(Surten pe 'l mitj.)*

CALAU, *á en Marsal que está ab lo cap baix.*

Es que 'ls diners son de la diputació, y la diputació potser que no 'n tinga ara...

MARSAL

Ves; no m' amohinis.

CALAU

Escolta, home.

MARSAL

Ja veurás, me 'n vaig jo!

CALAU, *seguintlo.*

Vinch, donchs.

MARÍA ROSA, *ve de la dreta.*

Marsal, espérat.

MARSAL, *á Calau.*

Tu, depressa! *(En Calau s' atura.)* Si no te 'n vas!... *(Amenassantlo.)*

CALAU

Ja fujo! *(Se 'n va pe 'l mitj.)*

ESCENA VI

MARÍA ROSA, MARSAL

MARÍA ROSA

Marsal, quant hi ha d' aquí á Ceuta?

MARSAL

Uy!... Afigurat que un comensés á caminar ara mateix; donchs d' aquí á duas quinsenas encara no hi fora.

Andreu. Ves, com un germá que me l' estimo. Y com que á ell me l' estimo tant. á tu 't porto voluntat, perque has sigut la seva dona.

MARÍA ROSA

Ho he sigut? Ho soch!

MARSAL

Be, sí: vuy dir aixó. Y ara que vols que fassi per probarte... que l' Andreu es lo meu millor amich? Mànam lo que vulguis: fins lo més imposible, fins la vida que 'm demanessis, per tu, María Rosa, per tu la perdría.

MARÍA ROSA, *estranyada*.

Per mí?

MARSAL

Per tu, la dona del Andren, sí.

MARÍA ROSA

Qué vuy que fassis? Una sola cosa.

MARSAL

Digala.

MARÍA ROSA

No creure que l' Andreu es un assessino.

MARSAL

Mes si aixó ve de dintre que jo ho cregui; com altras cosas venen de dintre sens que un hi puga fer res. María Rosa.

MARÍA ROSA

Veus? Y dius que li portas voluntat! Ah, tu no tens bon' ánima, no.

MARSAL

Jo 't prometo que faré per creure 'l que vulgas. Y tu
en cambi que 'm promets? Digas.

MARÍA ROSA, *estranyada.*

Jo? Qué 't puch prometre jo?

MARSAL

Tens rahó: tu res. Si: estar més sossegada... més
alegre...

MARÍA ROSA, *Mirantsel fixo avans de parlar.*

Vaig á girar la roba.

MARSAL

Si vols que vinga ab tu?...

MARÍA ROSA

Ja vaig be jo sola. Y mirat: fes per pensar més ab
l' Andreu... y menos ab mi.   *(Se 'n va per la dreta.)*

ESCENA VII

MARSAL

Alto, alto. Es massa viva la María Rosa y al cap d'
avall sospitaria. *(Pausa.)* Es que costa un botavan
fer al costat d' ella 'l tant se me 'n dona, y sentirse re-
cremar per dintre. Quan una dona se 'ns arrapa aixís...
ni una llagasta. Y diuhen del agram y la canyota! Y
aixó tant si pico pedra, com si me las hech ab la colla:
y á la nit regirat per la márfega, y desvetllat... *(Pausa
llarga.)* Jo no la tinch la culpa si me 'n vaig emprén-
dar quan ja era d' altra. Ara, d' aixó del capatás, si
que la tinch la culpa: sino qu' ell va comensar ab pa-
rauladas, eram sols, fosch, y com vaig perdre 'l mon
de vista... te: ja está. *(Fent l' acció de clavar un ga-*

nivet.) Que m' havia d' escapar... Es clar que ho havia de fer; sino que alashoras... ella!... May més ella! *(Pausa.)* Mes jo tenia un mocador d' aqueixa dona... y al mon venen las cosas d' una mena de manera... *(Pausa.)* Clavar un ganivet á cop calent... no fa angunia després: ficarlo per sota d' una porta, costa! *(Ab defalliment y por.)* Y queda, queda! *(Pausa llarga.)* Ja me 'n confessaré de tot aixó... mes endevant; ben lluny d' aquí... Quan la María Rosa siga tota meva.

(Surt per la esquerra.)

ESCENA VIII

BADORI. CALAU. Pe'l mitj.

CALAU

Ja ho veus: ja ets de la colla.

BADORI

Ja m' agrada l' ofici, ja: encara que sino pagan...

CALAU

Ja venen los diners, home.

BADORI

Deus ser rich tu que no t' hi amohinas.

CALAU

May menos. Tinch set duros y sis pessetas y mitja; y á tu ja t' ho diré: vaig fent. per tenir duas unsas y casarme.

BADORI

Uy! D' aquí que hi arribis! Ja la xicota s' haurá consumit esperantse.

CALAU

Com qu' ella no ho sap que jo m' hi vulga casar.

BADORI

Y si te la prenen?

CALAU

Com que jo tampoch ho sé que m' hi vulga casar ab
ella.

BADORI

Y donchs?

CALAU

Com que no hi ha ella sens jo, ni hi ha jo sens ella.

BADORI

Aixó deu ser una endevinalla.

CALAU

Clar: que no la triaré fins que tinga las duas unsas.
No m' embolico: un cop triada diu 'n Marsal que s' hi
pateix molt, y jo quan tinga 'ls diners me la miro, i
dich, m' hi caso y... no pateixo.

BADORI

Tu farás anys.

CALAU

No 't pensis, que hi ha vegadas que un hom se diu:
si tinguessis las duas unsas!...

ESCENA IX

BADORI, CALAU, JEPA. Ve del mitj.

JEPA

Demá comensarás: sino que travallém á cinch horas
d' aqui.

BADORI

Y de molt temps que 'm sembla que us conech. Y, vaja, que si que 't conech á tu. No vas ser un any pe 'l veremar al mas de la Rigala?

MARÍA ROSA, *ab alegría creixent.*

Al mas de la Rigala? Si allí vaig coneixer l' Andreu! Qué hi eras tu?

BADORI

Si veremávam plegats! Si no que jo me 'n vaig anar l' endemá...

MARÍA ROSA

Ara 'm sembla que 't tinch. Quina alegría, Jepa! Un minyó que 's feya ab l' Andreu!

BADORI

Qui era l' Andreu?

MARÍA ROSA

Si te 'n has de enrecordar. Un xicot guapás y ditxaratxero, ros com un sol, y ab uns ulls que li ballavan tot lo dia, com las camas. Lo trepitjador, home, lo trepitjador!

BADORI

Y prou! Si eram més companys!... Com qu' ell es sagarreta com jo!

MARÍA ROSA

Y digas: qu' era dolent per tu?

BADORI

Més bon home!... Un tros de pa.

MARÍA ROSA

Ja 'l sentiu Jepa, y tu Calau. Y aquí li diuhen mal cor y assessino al Andreu!

BADORI

Batua nada! Ara ho entench! Tu t' hi vas casar, y després... Es l' Andreu 'l que es á Ceuta!

MARÍA ROSA

Sí que l' es, lo pobret! Escólta: que 't quedas aquí tu?

BADORI

Sí.

MARÍA ROSA

Donchs ja 'n parlarém forsa. Y serém forsa amichs.

JEPA

(Ja planyo á en Badori.)

BADORI

Be, home, be. Y com va ser que capdelláreu tant prim ab l' Andreu?

MARÍA ROSA

Mírat, las cosas venen... com Deu vol. Ell trepitja que trepitja, y jo ni me 'n havía atalayat de si era guapo ó lleig. Donchs veurás: va venir d' uns grans de rahím que m' hi casés. *(Riu en Badori.)* Com t' ho dich. Un vespre, vetaquí que sopávam á vora del cup veremadors y veremadoras. Jo era d' esquena al Andreu: tant se me 'n donava d' ell com de lo que he trobat avuy. La llum de las graellas li pegava de manera que la seva ombra ballava devant meu á terra. Jo que dich:—Miréuse 'l trepitjador, balla igual que un mico. —Tothom esclafí 'l riure, que no s' ho acabavan alló del mico. Jo ni m' hi vaig girar; pero l' ombra ja no ballava, y 's va anar fent menuda, y va estendre un bras, y de cop me sento que 'm fican pe 'l coll una cosa freda. Jo que faig un xiscle, y la vuy atrapar aquella cosa freda que m' anava endintre, y que era un gotím

de garnatxa. Conteu com reyan los altres! Y jo sense
saber com, volentlo atrapar, lo vaig esclafar lo gotim,
tota roja, rihent y enfadada. Y aixi'l vaig conéixer.

(Tots riuhen.)

JEPA

Si que va ser divertit.

BADORI, *á en Calau.*

Veus, per una mossa com aquesta no esperaria jo las
duas unsas.

CALAU

Ca; fins que hi sian justas.

BADORI

Y com us vau entendre?

MARÍA ROSA

No 'n van passar pochs de dias! Perque, fillets, jo
no m' ho acabava alló del gotim; y li tenia una mali-
cia!... Nosaltres, la colla, cada demati cap al tros, y no
tornavam fins al vespre. Donchs ell ja 'ns esperava al
entrant de l' era ab las camas y 'ls brassos tots rojos
del vi negre. Y 'm deya:—Encara 'm tens malicia?—Jo
li feya una ganyota, y arrencant á corre, fugia entre
mas companyas; que fins alashoras m' havian fet fás-
tich tots los homes. Y ell també m' ho pensava que
me 'n feya de fástich.

BADORI

Donchs y ell, que?... *(Rihent tots.)*

MARÍA ROSA, *sempre festiva y exaltada*

Deixéume dir, que us agradará. Un altre vespre,
també mentres sopávam y ell trepitjava l' última carre-
tada de verema, una mossota de la pell del diable que
estava ressentida del Andreu, 'm ve y 'm diu á la ore-

lla:—Ja veurás que riurém ara: he agafat una agulla y la he clavada dintre d' un rahim, y 'l rahim l' he tornat assobre del cup ab la punxa en l' ayre.—Jo sentirho y cridar al Andreu:—Tu, no trepitjis més, que hi ha una agulla!,—tot va ser hu. Ell se posá á riure creyent que alló era una broma.—Que hi ha una agulla! Que te la clavarás, bestia!—Y no parava ni de trepitjar ni de riure. De cop cargolá un renech! Y aixó que no 'n deya. Oy, Jepa, que no 'n deya de renechs, l'Andreu?

JEPA

May.

MARÍA ROSA

Donchs, aixecá 'l peu, lo meu fill, que la sanch li rajava. La mossota, quin riure, la malas entranyas! Jo li corro al darrera, la engrapo pe 'ls cabells y si no me la treuhen la mato! Al Andreu ningú sabía que ferli, perque la agulla no 's veya, la traydora. M' assento á terra, li agafo entre las mans aquell peu, que podeu contar com estaria de sanch y de verema, y haguessiu vist al pobret!... Tan aviat s' esclamava que li feya mal com arrencava á riure. Deya que jo li feya pessigollas. Si, per pessigollas estava!... Res: que li amarro ab las unglas lo cap de la agulla, y ja es fora! Tota fora! Quina alegría! Ell va seguir trepitjant, y la sanch y 'l vi 's van escorre cup avall... Y ab quin goig ara d' aquell vi 'n beuría!

BADORI

Clar: que li vas treure l' agulla del peu y li vas clavar en una altra banda.

JEPA

Oy.

CALAU

Ahont?

JEPA, *contenint á en. Quirse.*

Veyám: per qué us heu de pegar si tot te de quedar
á casa?

TOMASA, *plorant fort.*

Es que ell m' ha retret cosas de que jo no 'n tinch la
culpa; y que 'm fan pena!

ESCENA XII

TOMASA, QUIRSE, BADORI, JEPA, CALAU y XICH.
Aquest ve de la esquerra. Van entrant alguns altres TRA-
VALLADORS que s' escampan per la escena conversant.

XICH

Ja es aquí 'l carro.

TOMASA, *sospenent lo plor en sech.*

Donchs aném á enllestir.

QUIRSE

Anémhi.

*(Marit y muller segueixen entrant y sortint á la
casa.)*

JEPA

Jo si que 'l farsell lo tinch fet totseguit.

CALAU

Y jo.

JEPA

Quirse, que m' hi deixarás carregar las ollas y 'ls
plats?...

QUIRSE

Lo que volgueu. *(A la Tomasa.)* Mirat, lo Joan ja
te 'l carro plé. D' aquí 's veu 'l bressol.

TOMASA

Calla, remalehit.

XICH

Ah! Ara que me 'n recordo: lo correuhé m' ha donat
una carta per... M' ha dit que diu que es... per don
Quirse Perera.

QUIRSE

Si no fos pe 'l don me pensaría qu' es per nosaltres
la carta. Oy, Tomasa?

TOMASA

Es clar: de Perera 'n som.

JEPA

Com que aquí ningú més se 'n diu, te de ser per tu.
Prénla, home.

QUIRSE

Qué farías, Tomasa?

TOMASA

Veurás, obrimla y ho sabrém; y si no es per nosal-
tres la tornarém, y que la vagin llegint fins que 's tro-
bi l' amo. Dom la carta.

XICH, *donantla á la Tomasa.*

Teníu.

TOMASA, *donantla á 'n Quirse.*

Obrela.

JEPA

Si deu ser del Andreu.

TOMASA

L.' Andreu no 'ns diría don.

QUIRSE

Veurás ab aixó 's te d' anar molt ab conta, que un estrip aviat hi es.

(Los altres trevalladors poch á poch s' aniràn acostant ab curiositat al grupo.)

TOMASA

No, home, no comensis per aqui.

QUIRSE, *amohinat.*

Calla, calla.

TOMASA

Estira 'l paper. D' aquí no, home. Aixís! Ara ficahi 'l dit. No 'l gros! .

QUIRSE, *reposant.*

Ay, noya, espérat.

TOMASA

Si ja n' hi ha un tros de badada! Animo y fora. Si aixó es un ay.

QUIRSE

Me vols deixar estar!

JEPA, *á la Tomasa.*

Calleu.

CALAU

Voleu que ho fassi jo? Una vegada 'n vaig rebre una de carta.

TOMASA, *animant á Quirse.*

Ara! Ara!

QUIRSE

Me sembla que ja deu estar?

. *(Ab la carta en una má y 'l sobre en l' altra.)*

CALAU

Veyámla de la part de dintre?

(L' apartan d' una empenta.)

JEPA

Será del Andreu.

QUIRSE

Ca: l' Andreu escriuría á la seva dona, com sempre.
Y ara que farém, Tomasa?

CALAU, *á mitja veu á altres travalladors.*

Veniu! Hi ha una carta; veñiu!

TOMASA

Dómela. *(Pren la carta. Se la mira molt.)* No hi
entench. Aixó es cosa d' homes.

QUIRSE, *tornantla á pendre.*

Si fossin lletras grossas... Un hom havia anat á cos-
tura; pero aixó... Per mi no diu res.

CALAU, *prenentla d' en Quirse.*

Que aixó no diu res? *(Fent com qui llegeix.)* Prou
que diu.

TOMASA

Calla, que en Calau 'n sap.

QUIRSE

Digas, digas.

CALAU, *donantla á en Badori.*

Ves tu, Badori.

BADORI, *passantla á en Jepa.*

No me n' han ensenyat de lletra. Vos, que teniu més experiencia.

JEPA

No hi val la esperiencia, noy.

TOMASA, *prenentli d' una revolada.*

Porteu aixó. Sembla mentida! Qui sap de lletra aquí? Ningú? Tots sou burros? Tu del carro; tampoch en saps?

XICH

De qué?

TOMASA

D' aixó... D' enrahonar ab aquí.

XICH

Jo ab los matxos: y ab vos.

ESCENA XIII

TOMASA, QUIRSE, BADORI, JEPA, CALAU.
XICH y MARSAL

MARSAL

(Una carta! Ell, que escriurá á la Maria Rosa!) De qui es aquesta carta?

QUIRSE

Es per mí: ey, ens ho pensém.

XICH

Me l' han donada al correu.

MARSAL, *ansiós.*

Y de quí es?

XICH

Oh!...

MARSAL

Y d' ahont ve?

XICH

M' han dit que de molt lluny.

MARSAL   (

No sabs res tu! *(Als altres.)* Deu venir de Ceuta.

TOMASA

Es que no va á la María Rosa. Diu á un tal Don
Quirse Perera. *(A 'n Quirse.)* Eh, noy?

MARSAL

Pitjor si no va á n' ella. S' ha de llegir aquesta carta.

QUIRSE

Oh! Quí?

MARSAL

Qui 'n sápiga. La María Rosa.

JEPA

No, home, que si porta malas noticias...

MARSAL

Es que s' ha de saber aixó.

QUIRSE

A la meva germana no! Ves, després que á tu ja
t' han dit que l' Andreu estava malalt...

JEPA

Ella.

*(Al véure en Marsal á la María Rosa deixa anar la
carta que arreplega la Tomasa.)*

4

ESCENA XIV

MARIA ROSA, TOMASA, MARSAL, QUIRSE, JEPA, BA-
DORI, CALAU y XICH. María Rosa ve de la dreta ab lo
paner de roba aixuta al costat.

MARÍA ROSA

Que ¡l' Andreu está malalt! Quirse, dígamho tot,
dígamho!

QUIRSE

Si jo no sé res.

TOMASA

Si no tením cap noticia, dona.

MARÍA ROSA

Jepa, qué hi ha? Tothom me mira d' una manera!...
(A 'n Quirse.) Y tu ho deyas, tu, que l' Andreu es-
tava malalt!...

QUIRSE

Pero estigas tranquila.

MARÍA ROSA

Quí ho ha sapigut, quí, de vosaltres?...
(Mirant á tots y per últim á 'n Calau.)

CALAU

Com vols que ho sapiguém si no 'n sabém de llegir?
(Tots s' esvalotan contra 'n Calau.)

MARÍA·ROSA

Teniu una carta! Donéumela desseguida! La carta!

TOMASA

Malviatje 'l xicot!

MARIA ROSA, *á la Tomasa.*

Tu la tens, tu. Dónamela!

QUIRSE

No, Tomasa!

MARIA ROSA

La carta! Que m' esteu matant, y potser hi ha noti-
cias alegres. Jo be te la donaría si fos del Quirse.

TOMASA

Te, que no puch més!

MARÍA ROSA, *prenentla.*

Ah!

TOMASA

Veuréu: ella es la seva dona.

MARÍA ROSA, *mirantla sens llegirla.*

No es del Andreu; y ve de Ceuta! *(Mirant la fir-
ma.)* No conech á qui la ha escrita! Me fa por de lle-
girla!

QUIRSE

Veurás, déixala estar la carta.
*(Li vol pendre. En Marsal no 's pot contenir é in-
tervé.)*

MARSAL

No! Tot, tot; que ho llegeixi. *(Cambiant de cop;
ab fingida indiferencia.)* Sí; val més... val més sa-
berho.

MARÍA ROSA, *llegint.*

«Molt senyor meu, com á cunyat del presidari An-
dreu, tinch lo sentiment de donarli una mala noticia.»
Reyna Santissima!

*(La Maria Rosa vol seguir llegint y á cada punt s' ha
d' aixugar los ulls perque no veu las lletras. Parla-
rán tots los demés á mitja veu.)*

QUIRSE, *á Jepa.*

Qué li deu haver succehit al pobre xicot?

JEPA, *á Quirse.*

Y si fos mort?

BADORI

Pobre Andreu!

TOMASA

Y pensar que aixó li podía haver passat al Quirse!

CALAU, *anant á trobar á en Marsal.*

Potser ha fugit.

MARSAL

(Que ha fugit! Ho veurém si ha fugit!)
*(Al acostarse á Maria Rosa pera que segueixi llegint
ella ja ho fa.)*

MARÍA ROSA

«Una... una mala noticia. L' Andreu estava trist
cada dia, sense voler tastar cap aliment, cridant sem-
pre: Jo soch ignocent! Jo soch ignocent!...» *(Pausa
curta. En Marsal se va apartant aterrat. Cau assentat
y's torna á alsar mirant si ningú l'observa.)* «...y per
últim ahir dijous, á las nou del vespre va morir!» Ah,
l' Andreu de la meva vida y de la meva ánima! L' An-
dreu, germá! Germá! L' Andreu es mort! Qué soch
desgraciada! *(Abrassada á Quirse y á Tomasa.)*

QUIRSE

Germana!

TOMASA

Ay criatura, quina mala sort!

BADORI

Pobre xicot!

JEPA

Ha sigut la seva planeta!

(Pausa: tothom ab lo cap baix plorós. En Marsal un xich apartat. En aquest moment se sent contar diners dintre, y Xich se 'n va al fons y torna.)

XICU, *á mitja veu á en Calau.*

Aquí al costat lo capatás ha comensat á pagar la quinsena.

CALAU, *á un altre trevallador.*

Que pagan la quinsena.

TRAVALLADOR, *á altre.*

La quinsena.

(Tots se 'n van sense confusió. Això no te de resultar cómich. Sols quedarán á la escena la María Rosa, la Tomasa, en Quirse, en Badori, en Jepa, y en Marsal que estará un xich apartat dels altres. Lo dringar dels diners te de sentirse fins que hagi caygut lo teló.

MARÍA ROSA

L' Andreu de la meva vida! Jo soch ignocent! Y ho deya al morirse! Oh, si jo trobés l' assessino! Marsal, l' Andreu es mort!

(En Marsal no aixeca 'l cap. La María Rosa queda mitj accidentada als brassos de la Tomasa y d' en Quirse.)

TOMASA

María Rosa!

QUIRSE

Germana!

JEPA, *Va de part darrera y posa la má á l' espatlla d'*
en Marsal que 's sorprén.

Marsal, es mort l' Andreu. Ara tu á cobrar.

MARSAL

Sou molt mal pensat. Si jo no la vuy festejar á la
María Rosa.

JEPA, *tot anántsen.*

No! Si vuy dir que allá 'ns pagan.

MARSAL

(Sospita que me la estimo... y res més. Aixó ray.
Ara ja es meva.)

(S' han de sentir sens interrupció los gemechs de Ma-
ria Rosa. Pe 'l fons atravessará la escena un carro
carregat de trastos, ananthi al voltant gent alegra.)

TELÓ.

Acte segon

Interior d' una casa molt pobra. Porta gran al mitj que dona al carrer. Una porta á la dreta y duas á la esquerra. A la banda dreta una caixa de nubia. Taula de fusta blanca, cadiras, eynas del travall, etc. Comensa á ferse fosch.

ESCENA PRIMERA

QUIRSE, TOMASA. En Quirse entra ab eynas y cabassos Després entrará la Tomasa també ab eynas del travall.

QUIRSE

María Rosa! (Se deu haber tirat sobre 'l llit: no n' eixirém.) María Rosa!

TOMASA, *entrant*.

No la cridis á aqueixa gandula. Te; ella fent á cada punt la nyau, nyau, y jo, mírat, escarrassantme tota la setmana; y tant guapa y tant fresca.

QUIRSE

Guapa... no gayre; y en quant á fresca... menos.

TOMASA

Ells ens paguessin las quinsenas, y la María Rosa no 'ns dongués tants amohinos!... Ja ho veurías si 'n faría de goig. Sino qu' ara la sanch se 'm recrema per dintre!...

QUIRSE

Oh, tu sempre á punt d' encéndret.

TOMASA

Y que no tinch rahó? D' ensá que 's va morir l' Andreu, y d' aixó ja fa quinse mesós, que 's venen enderrerint de quinsenas, que ja 'ns en deuhen tres: y ballantla tant magra gástat un dineral per las malaltias de la María Rosa.

QUIRSE

Y que hi fará ella si Nostre Senyor no la ajuda?

TOMASA

Qué hi fará? Travallar. Qué t' hi jugas que si jo 'm fico al llit, al cap y al últim me n' hi poso de malalta?

QUIRSE

Es que la germana ho va estar ben de debó de malalta al morirse l' Andreu. Si tu no 't movías del capsal del llit, dona.

TOMASA

Be, alashoras sí; pero ara es una comedianta.

QUIRSE

Es que de la malaltía que ha passat ara, tu 'n tens la culpa.

TOMASA

Sí, pósam aquest capell, si 't sembla.

QUIRSE

Y tota que la tens. Perque callessis va pendre un ca-
bás, y á la carretera! Y ab penas y travalls y ajudantla
'l Marsal va fer tres dias, y, mirat, encara no 'ls hem
cobrat; y de metjes y aixarops ja 'ns costa... que no
ho sé pas lo que 'ns costa. Sort que ja s' ha posat bona,
la pobre.

TOMASA

La pobre! La pobre! Com se coneix qu' ets de Ta-
rragona.

QUIRSE

Miréuse, la fiera malvada! Com que ella es de Reus
y allá no més vos atipeu de bitxos que us fan posar
mala sanch.

TOMASA

·Quirse, se te d' acabar aixó. Ara ja está bona la Ma-
ria Rosa; donchs que 's llogui á vila, ó que torni á pen-
dre un cabás, no posantse malalta... ó que 's casi, que
prous n' hi ha que la enrondan.

QUIRSE

Aixó hauría de fer, aixó: tornarse á casar. Y ara que
'n parlém: saps que 'l Jepa 's torna burro?

TOMASA

Que fá?

QUIRSE

Res, que 's pensa que la Maria Rosa está empren-
dada del Marsal.

TOMASA

Al revés: lo Marsal si que está engrescat per ta ger-
mana. Tant com lo Badori que ho está, ves que 't
dich.

QUIRSE

Donchs ara me 'n parlava 'l Jepa. Si no que ell se
pensa que á la María Rosa li sap greu d' habersen ena-
morat y 's te rábia á n' ella mateixa, y que sé jo 'l que
s' empatolla.

TOMASA

Que m' esplica 'l Jepa á n' á mí! Si li fes goig s' hi
casaria. Y, vaja, que jo ho sé per ella mateixa, que 'l
Marsal es l' home que li fa més fástich.

QUIRSE

Y á mí que m' esplicarás tu! Ves si no ho sé jo 'l que
fa la María Rosa per no trobarse ab ell! Ay, ara que
me 'n recordo! Corre. encén llum.

TOMASA, *alarmada.*

Qué hi ha?

QUIRSE

Que tenen de venir los companys ara mateix. Encén
llum, dona!

TOMASA, *anantlo á encendre.*

Ja hi vaig. Sembla que manas una mula.

QUIRSE

Ho hem d' enrahonar aquí aixó de que no pagan, y
veyám que cal ferhi.

TOMASA

Que cal ferhi? Cobrar. Ja 'm sentirán á mí!

QUIRSE

Es que hem quedat que á la sentada no hi haurá do-
nas, saps?

TOMASA

Y tu hi has passat? Veurás, soch á casa meva y d'
aquí no 'm treurán! Bo!

(S' assenta resolta.)

ESCENA II

TOMASA, QUIRSE, BADORI, JEPA, CALAU, XICH,
TRAVALLADORS y per últim MARSAL. Anirán en-
trant quan s' indiqui.

BADORI, ve ab Calau y un travallador més.

Bona nit y bon' hora.

TOMASA, cremada.

Bona nit.

QUIRSE

Treu 'l banch, Tomasa; y cadiras.

TOMASA, sense móures.

Ara hi corro! (Ho treu en Quirse.)

CALAU

Ja 'ns estarém drets.

TOMASA

Seyeu á terra que no cauréu.

BADORI

S' aprecia, vaja.

CALAU

Ja cobraréu, dona, no us espanteu!

(Entran altres trevalladors de poch en poch.)

QUIRSE

Que us diré... No servím nosaltres per anar de comissió. Quan hi seríam ó no diríam res ó 'n faríam massa.

CALAU

Y si diguessim que no volém travallar més?

BADORI

Y si 'ns prenian pe 'l mot?

CALAU

Jo no hi vuy anar de comissió.

TOMASA, *entrant furiosa y fent caure á 'n Calau.*

Donchs jo sí! Y ab picots y palas tots! Y ab ganivets y fusells!

(La Tomasa ha anat parlant entre las riallas y crits de tothom.)

TOTHOM

Fora! Treyéula! Anéusen! A la cuyna!

TOMASA

Si jo fos home! Pocas vergonyas! Quirse!...

TOTHOM

A la cuyna! Fora donas! Que la tanquin! Fora!

(La fican per la porta de la dreta.)

TOMASA

Quirse! Me las pagarás! Quirse!

QUIRSE, *tancant la porta.*

Te, tancada!

BADORI

Donchs que la fem la comissió?

MARSAL, *rihent despreciatiu.*

Sembla mentida!...

QUIRSE

Qué hi dius tu, Marsal?

MARSAL

Jo? Que tot aixó de la comissió es una bestiesa; y que fa burro, vaja, 'l pensarse que...

BADORI

Aquí tothom hi diu la seva; y 'l burro es lo que 's pensa qu' es més sabi que 'ls altres.

MARSAL

Aixó ja m' ho dirás á fora.

BADORI

Sí que t' ho diré. *(Tots lo calman.)*

MARSAL

Jo de vosaltres, perque, la veritat, de parlar no 'n sabém; jo hi faría anar una carta... pensanthi molt lo que hi posém. Jo ja la tinch rumiada. Una carta... sabeu?... que 'ls contractistas la poguessin ensenyar á la diputació.

JEPA

Y qué hi posarías á la carta?

MARSAL

Res de parauladas agraviosas. Que hem acabat los cuartos; que passém miserias molt grossas; que tením fills, pares molt vells... Jo de ferho posar ja 'n sé, mal m' está 'l dirho. Y que si no póden pagarho tot d' un cop, al menos que cada vegada 'ns paguin una quinsena corrent y una d' enderrerida.

5

CALAU

Aixó no; tot, tot.

JEPA

Sí, demánaho tot y no cobrarás res.

QUIRSE

Jo trobo que va be 'l Marsal.

XICH

La carta, la carta!   *(Molts ho aproban.)*

BADORI

Donchs jo no hi estich.

XICH

Tu perque ha sortit d' en Marsal.

JEPA

Probém la carta; y si no va be sempre hi podém en-viar la comissió.

TOTHOM, *menos Badori.*

La carta! La carta!

JEPA

Quirse, fes venir la Maria Rosa y que la escriga.

MARSAL

(Si ja ho he dit que avuy parlaría ab la María Rosa.)

QUIRSE, *á la porta segona esquerra.*

Noya! María Rosa!   *(A en Jepa.)*   Tot es que vulga sortir.

(Tots enraonan menos en Marsal que observa.)

JEPA

Donchs, qué te?

QUIRSE

Ara ja está bona: sino que s' ha tornat tant estranya!...
(Ja veurás jo!) *(Trucant á la porta.)* María Rosa!
(Pausa.) Surt, dona.

ESCENA III

MARÍA ROSA, MARSAL, BADORI, QUIRSE, JEPA, CA-
LAU, XICH y TRAVALLADORS. **Ella va de mitj dol: lo
mocador del cap tirat endevant.**

MARÍA ROSA

Quí 'm demana? *(No ha vist á en Marsal.)*

QUIRSE

Veurás, vina.

MARÍA ROSA

Quanta de gent! Com que estich enlluhernada...

QUIRSE

Una cadira.
       (Perque algú la porti aprop de la taula.)

BADORI

Te: la meva. *(Se queda á prop d' ella.)*
*(La María Rosa s' asseu. Poch á poch tothom va vol-
tant la taula, menos en Marsal.)*

QUIRSE

Veurás; tens d' escriure i que 't direm.

JEPA

Es una carta pe 'ls contractistas.

QUIRSE

Veyám: al calaix hi deus tenir un paper. *(Ho va treyent.)* Y aixó per sucar; y la ploma: tot.

BADORI

Oh, no s' hi veurá. Eh que no t' hi veurás? Vaig pe 'l llum.

(Va y despenja 'l llum que deixará sobre la taula.)

CALAU

Mírathi molt, sents?

BADORI

Aquí 'l llum. T' hi veus ben be?

MARÍA ROSA

Si. *(Ella suca la ploma.)*

BADORI

Que no pinta?

MARÍA ROSA

Prou.

QUIRSE

Qui li diu la carta? Perque jo...

BADORI, *perque no ho fassi en Marsal.*

Jo li diré, jo. Posa. *(Pausa.)* Que tenim fam, si, fam... y que... Vaja, tu ja ho enténs.

MARÍA ROSA

Oh, jo no ho sé.

JEPA

Ca; sensill. La cuestió es que volém tocar lo cor d' aqueixa gent. Saps?

CALAU

Si, just: tocárloshi 'l cor.

(La María Rosa mira á uns y altres; ara agafant la ploma, ara deixantla sense saber qué fer.)

XICH

Jo hi posaría...

JEPA

No 'ns entendrém.

QUIRSE

Hont es aquell que ho ha esplicat? Digali tu, Marsal.

MARÍA ROSA, *alsantse.*

(En Marsal!)

MARSAL, *acostantse á la taula.*

Si voleu...

MARÍA ROSA

No! No la faré la carta!

BADORI, *content.*

(No 'l vol á 'n Marsal!)

QUIRSE

Pero dona!...

MARÍA ROSA

Es que no... No la puch fer jo.

JEPA

Si será curta.

(Tothom menos Badori y Marsal la pregan.)

MARÍA ROSA

Deixéume que me 'n vagi.

QUIRSE

Mirat, que aixó es de mort ó vida per nosaltres.

JEPA

Y es un instant.

QUIRSE

Per mor de Deu, dona.

MARÍA ROSA, *tornant á seure.*

Donchs... que diguin. Y depressa, depressa.

QUIRSE

Au, tu, Marsal.

JEPA, *als travalladors.*

Y vosaltres calleu. *(A 'n Badori.)* Apártat, home. *(Tots los travalladors, apartantse, parlan entre ells. Aprop de María Rosa y Marsal sols hi haurá en Quirse y en Jepa. En Badori hi vol tornar y no li permeten aquestos dos.*

MARSAL, *dictant.*

«Senyors empressaris d' aquesta carretera.» *(Ella escriu sens alsar lo cap.)* Si enrahona tothom no 'ns entendrém. *(En Badori se mostra acalorat disputant ab los companys.)* «Molt bons senyors empressaris.» Vaja, enrahonant jo no sé com dirho. *(A en Jepa y en Quirse, sense que la María Rosa ho senti.)* Potser que se 'n anessin. Ara ja no hi fan res aqui. «Los hi demaném un gran favor á vostés...»

QUIRSE, *als travalladors.*

Noys, ara ja estém entesos; deixéunos sols perque ab la conversa s' embolican...

CALAU

Anem.

XICH

A sopar, noys.

*(Surten Calau, Xich y travalladors. La Maria Rosa
al véurcho, deixa la ploma y 's va á alsar. Son ger-
má la conté.)*

QUIRSE

Escriu, dona. *(Ella tornará á escriure.)*

BADORI

(Ho fa per quedarse ab ella. Ja me las pagarás totas.)

JEPA, *á mitja veu á Badori.*

Vésten, corre. *(Empenyentlo cap á la porta.)*

MARSAL

«Perque estém molt pobres...»

JEPA, *á Quirse á mitja veu.*

Jo també me 'n vaig á sopar. Tu arreplega la carta
y 'ns la llegirá després ella.

QUIRSE, *molt baix.*

Aneu. Aneu.

JEPA

(A mi ningú m' ho treu del cap qu' ella se l' estima
á 'n Marsal. *(Se 'n va.)*

MARSAL

«Y no sabém com socorre á las familias...»

QUIRSE, *á en Marsal á mitja veu.*

Veurás, volém llegirla després.

(En Marsal li fa ab la má que no 'l destorbi.)

MARSAL

«Perqué molts tenim pares...»

QUIRSE

(Entretant me 'n vaig ab aquella, que deu estar...)

(Se 'n va per la dreta, de puntetas.)

MARSAL

«Y fills de curta edat.» (Ja ho he dit que 'ls treuría.)

ESCENA IV

MARÍA ROSA, MARSAL

MARÍA ROSA, adonantse qu' es sola.

Quirse! No escrich més! (Alsantse.)

MARSAL

Escóltam!

MARÍA ROSA

No!

MARSAL

Me tens d' escoltar. Per la memoria del Andreu t' ho demano, dona. (Ella va cap al seu cuarto sens aturarse.) Potser sabrém qui 'l va perdre á l' Andreu!

MARÍA ROSA, tornant enrera.

Quí 'l va perdre? Digas! De qui sospitas?

MARSAL

Veurás...

MARÍA ROSA

Si no tinguessis mal cor no 'm farías broma d' aquestas cosas.

MARSAL

Es que 'n tinch de sospitas: com t' ho dich.

MARÍA ROSA

Esplícat

MARSAL

Tant te 'n recordas encara de l' Andreu?

MARÍA ROSA, *comprenent la seva intenció.*

Tant? Més: cada dia més. Pero digam qué saps; que 'm fas morir d' angunia.

MARSAL

Sí: t' ho diré. Sino que tu de primer esplícam una cosa. Per qué fuges de mí?

MARÍA ROSA

Jo?... Fujo de tothom. Tant de tu com dels altres.

MARSAL

Fa dias que busco ocasió de parlarte. Qué, dias! Mesos; que may puch tenir ab tu una conversa.

MARÍA ROSA, *desdenyosa.*

Ab mí? No tens que parlar de res, noy.

MARSAL

Me fas una pena, si ho sapiguessis!

MARÍA ROSA

Donchs no t' ho agraheixo que 't fassi pena.

MARSAL

Es que, María Rosa, ja ho saps que jo per tu...

MARÍA ROSA

M' has enganyat, que no saps res dels que van perdre á l' Andreu.

(La María Rosa va altra vegada cap al seu cuarto.)

MARSAL

Espérat!

MARÍA ROSA

No escolto més.

MARSAL

Ves. Y faig un atentat. Y contra mi mateix, que tu 'n tindrás la culpa!

MARÍA ROSA, *ab fingida rudesa.*

Veurás; acabêm la carta. Torno per la carta: sino 'l Quirse!...

MARSAL, *rihent apart.*

(Si al últim ho será la meva dona.)

MARÍA ROSA

(Ni 'm conech á mí mateixa. No sé perque he tornat enrera!) Si no haig d' escriure... *(Anantse á alsar.)*

MARSAL

Si, si: posa... (Ves qui está per la carta!) Posa. «Los travalladors d' aquí... volen ser felissos...» *(Pausa mentres ella ho va posant.)* Quant fa que 's va morir l' Andreu?

MARÍA ROSA, *escrivint.*

Catorse mesos: sembla ahir. Dicta.

MARSAL

Uy! Qué temps! Mare de Deu, qué temps!

MARÍA ROSA

Dicta.

MARSAL

«Nos estimem tots: perque no podém de menos qu'
estimarnos.»

MARÍA ROSA

(Hauría d' anármen y... aquí! Soch una mala dona!)

MARSAL

Veig que t' has tret lo dol. Tot passa.

MARÍA ROSA, *escrivint.*

No me 'l treuré may de dintre.

MARSAL

Be, sí; com jo. Ja ho saps qu' ell era la persona que
jo més volía. Tant... tant com ara ho ets tu la persona
que més vuy.

MARÍA ROSA, *suplicant.*

Per Deu!... *(Resolta.)* La carta, y acabém!

MARSAL

Sí, sí. «Nosaltres tenim voluntat á la carretera...»
(Convertint poch á poch lo que dicta en apassionat.)
«Molta voluntat... á ella.» Escriu! «Per ella ho dona-
ríam tot... *(Ella anirà escrivint; després quedará ab
la ploma fixa sobre 'l paper y 'l cap baix escoltant.)*.
«Fins la sanch de las venas un hom donaría; per-
que... perque no 's te cap culpa si 's posa la voluntat;
y la voluntat ja hi es posada d' ensá del dia... del
dia que 's va comensar la carretera. Y després, al
véurela tant sola y tant desgraciada, un se daleix
per tornarli la... ventura; perqu' ella no ha fet cap
mal á ningú, la pobra, per passar tantas penas: y en
cambi d' una estimació per tota la vida... un voldría
que... més enllá... quan ella volgués, fos, devant de
Deu, la meva muller, perque, María Rosa, jo t' estimo!

(En Marsal l' ha agafada pe 'l bras al acte que ella s' alsava per fúgir.

MARÍA ROSA

Ah! No! No!

MARSAL

T' estimo! Escolta!

MARÍA ROSA

No m' ho diguis may més! Déixam!

(Desprenentse y fugint.)

MARSAL

María Rosa!

MARÍA ROSA

(Ay pobre Andreu que m' estimo á un altre home!)
(Entrant per la segona porta de la esquerra.)

ESCENA V

MARSAL, després QUIRSE y TOMASA.

MARSAL

Rehira de!... No 'm vol á mi, no, aquesta dona! Han passat mesos y mesos y, te, pitjor avuy que may! Y jo que no puch viure sens ella! *(Dona duas passas resolt cap al cuarto de Maria Rosa; s' atura, mira per tot y retrocedeix.)* Potser si que li vaig perdre 'l marit perque ara vingués un altre... á arreplegar la meva feyna! Per qué en Badori la vol, y ella no fuig de 'n Badori com fuig de mi, no! *(Pausa.)* Mes ell s' hi acosta rialler, sensa corcó aqui dintre! *(Per son pit.)*

Y jo, quan estich sol, y penso en la María Rosa,
tinch de veure devant al capatás mort y á l' Andreu
mort!... *(Pausa; passejantse per la escena.)* No, no!
En Badori no ho será 'l marit d' ella! Primer que
serho!... *(Fa un moviment com si s' anés á treure un
ganivet.)* Ca! No cal, no! Ella no m' ha volgut á las
bonas, ja 'm voldrá... d' altra manera! Jo la perdré de-
vant de tothom á la María Rosa.

QUIRSE, *desde dintre.*

Marsal!

MARSAL

Ves qué n' haig de fer de las quinsenas!

*(Agafa la carta, y rebregantla, se la emportará ab
ell. En Quirse y la Tomasa venen de la primera
porta de la esquerra.)*

QUIRSE

Marsal, la carta.

TOMASA

Porta la carta!

MARSAL, *anántsen.*

Ja está tancada y jo me 'n cuydo.

QUIRSE

Espérat!

TOMASA, *anantli al darrera.*

Volém saber qué diu!

QUIRSE

Sembla boig.

TOMASA

Donchs á mí no se m' escapa! *(Surt.)*

QUIRSE

Aixó no es lo tracte. *(Va á sortir també.)*

ESCENA VÍ

MARÍA ROSA, QUIRSE.

MARÍA ROSA

Germá! Quirse!

QUIRSE

Ja torno.

MARÍA ROSA

Es que... es que demá quan se fassi dia me 'n vaig d' aquesta casa.

QUIRSE

Qué has dit ara? Potser has parlat ab la Tomasa?

MARÍA ROSA

No: sino que aquí no m' hi puch estar més; perque m' hi moriría.

QUIRSE

Es clar, com que la Tomasa te aquest geniot... Y jo, la veritat, no serveixo sino per fer carreteras... Y ahont pensas anárten aixís, tant de cop?

MARÍA ROSA

A cualsevol banda: á servir á vila... No ho sé.

QUIRSE

Tu no m' has volgut creure...

MARÍA ROSA

No m' ho tornis a dir. Primer que 'm vegis casada
un altre cop, que 'm vegis morta.

QUIRSE

Veus? Y tants que n' hi ha, aqui mateix á la carre-
tera, que per tu demá, avuy que vulguessis...

MARÍA ROSA

Si 'm fossis bon germá no m' ho dirías que 'm tornés
á casar.

QUIRSE, *enfadat y mitj plorós.*

María Rosa!... Dígam lo que vulgas, pero no m' ho
digas may més aixó qu' ara m' has dit.

MARÍA ROSA

Es que tu ho saps quant me l' estimava á l' Andreu!...
Quant me l' estimo vuy dir!

QUIRSE

Y be; estímatel tant com vulgas, pero pensa en tu...
y... cásat ab un altre. Si aixó es lo mon! Sino que tu...
Saps lo qué tens? Donchs una mena de malaltía que us
posa neguitosas y esteu leri, leri... ab un peu á la bo-
jería, vetho aquí. Me sab greu dirtho, pero aixi 'ns ho
va declarar lo senyor metje. Y fins ens va dir á la To-
masa y á mí que si 't tornavas á casar tot, tot te passa-
ría, vaja.

MARÍA ROSA, *rápit.*

Y per qué ho va dir aixó?

QUIRSE

Per qué? Perque ells ho coneixen tot. No 't pensis,
que no costa gayre de coneixer certas cosas; perque jo,

sense lletra y tot, també hi estich que us torneu ab això
del nirviós que per vosaltres no hi ha ni pares, ni ger-
mans!

MARÍA ROSA

No, Quirse!

QUIRSE, *conmogut.*

Ni germans, sí; perque á n' á mí no 'm tens ni una
senyal d' estimació; y si ara 't diguessin que jo m' he
mort, mírat, te 'n anirías á tirarte al llit tan campanta.

MARÍA ROSA

Pobre Quirse!

QUIRSE

Si ara mateix s' ha vist be prou! Quirse, me 'n vaig
per sempre d' aquesta casa perque àqui, á vora teu, á
vora d' un germá m' hi moriría. Te, beute aquest ou!
Y després vétllala y plóra'a quan está malalta, y fins
barállat per ella tot lo dia ab la dona.

(Plorós y enfadat.)

MARÍA ROSA

No 'm coneixes, Quirse; que si 'm coneguessis no
me las dirías aquestas cosas.

QUIRSE, *molt trist.*

Vésten, vésten. Ja te 'n pots anar en nom de Deu.

MARÍA ROSA

Es que me 'n vaig no per tu, Quirse, ni per la To-
masa, créume; me 'n vaig perque si 'm quedés... arri-
baría... fins á ser una mala dona. Jo no 'n tinch pas la
culpa, germá, pero soch feta d' una tal manera que no
sembla sino que dintre de mi hi haja un altra volùntat
que no es la meva propia, que per tot y á totas horas
m' atormenta.

QUIRSE

No t' entench, ni gota.

MARÍA ROSA

Λ vuy ser.tota del Andreu fins que 'm mori: donchs per més que faig lo recort d' aquest pobret s' esborra, s' esborra, y ve á posarshi un altre home!... Soch del Andreu, jo 'm dich, soch del Andreu; y sento com si una boca 'm digués aqui, ben endintre: No, tu ets de 'n Marsal, de 'n Marsal!... Ves si pateixo!

QUIRSE, *sens acabar d' enténdreho.*

El Marsal?...

MARÍA ROSA

Pts! Que no 't senti ningú. No 'n diguis res á la Tomasa.

QUIRSE

Jo no t' entench. Pero tu dius?... Que potser te l' estimas al Marsal?

MARÍA ROSA, *ab desesperació.*

No! Jo no me 'l vuy estimar, no! Y per aixó me 'n aniré demá, per fugir d' ell que 'm persegueix sempre.

QUIRSE .

Mireu que son estranyas las donas! Ab la Tomasa desseguida 'ns vam entendre: tot va venir d' unas barallas. Qué hi tens que dir del Marsal per no volerlo? Avans, que s'emborratxava, jo te 'n hauría privat be prou de casarthi; pero desde que van agafar al Andreu fa bondat.

MARÍA ROSA

Qué m' havía de pensar jo?... Saps després que vaig estar tant malalta?... Alashoras que vaig provar d' agafar l' aixada com vosaltres?...

6

QUIRSE

Màre de Deu, la Tomasa!... Jo ja no ho volia.

MARIA ROSA

Donchs alashoras en Marsal, que ara jo 'm penso
que ja la duya de cap d' avans de la desgracia del
Andreu, no se 'm movía del costat, y m' ajudava á
omplir los cabassos, y me 'ls buydava ell mateix, que
's pot dir que travallava 'l doble. Jo 'l deixava fer, que
sola no hauría pogut, pobra de mí; y que me las havía
de pensar las sevas intencions! Fins jo reya de vega-
das, y 'm deya per mí mateixa: Ves si se l' estimava en
Marsal á l' Andreu que fa per mi tanta feyna! Si més
d' un cop li vaig dir: Ah, si 'l pobret de dalt del cel ens
mira que deu estar content de tu, Marsal! Y jo no me
'n adonava alashoras de que dihentli aixó 's posava
serio y s' apartava. Una nit, jo no sé com t' ho diga!...
Una nit vaig somniar... qu' en Marsal era 'l meu ma-
rit, y que 'l tenia... al llit, al meu costat, al lloch del
Andreu; y... Y al despertarme al matí vaig reparar ab
pena y rabia que m' agradava pensar en aquell somni;
y m' hauría mort á mí mateixa per arrencarme 'l goig
de pensarhi! Al veure á 'n Marsal aquell dia á la feyna,
quin salt lo cor! Tot lo qu' ell feya per mí y 'l perque
ho feya, tot, tot ho vaig entendre! Ell no ho sé que
m' hi va veure als ulls ó en tota ma cara que al ple-
gar, com que ja fosquejava, de cop m' agafa pe 'l
cos y 'm vol estrényer!... Me 'n vaig desfer rabiosa,
fugint esborronada, que aquell refrech y aquell alé
que sentía eran los mateixos del somni! Y ja ho saps
tot: que vaig tornar á recaure; y fins avuy, ara ab
la carta he pogut fugir d' en Marsal que m' encen
tota, que 'm xucla com la serp... que no sé perque
'm sembla que hi ha en ell un mal home; y ab tot me
'n hi aniría com... com si jo tingués molta set y ell fos

l' aygua! Del Andreu y ningú més: per aixó vuy fugir, per aixó germá, per aixó no més te deixo á tu y estich salvada! *(La Maria Rosa plora; en Quirse també.)*

QUIRSE

Pobra María Rosa! Jo no ho sé tot aixó qne 'm dius; pero, vaja, que hi farás si tu hi pateixes tant! Mírat, vesten demá; sí, vésten: lluny te fugirán aqueixos pen-. saments tant... tristos. Y ves: aquí tinch cuatre duros: te, guárdatels. La Tomasa no ho sap que 'ls tinga.

MARÍA ROSA

Qué 'n faré?

QUIRSE

Qué 'n farás? Viuren! Mireu qu' es molt! Te, dona, te. *(Ella 'ls pren. Ploran tots dos.)* Pobra María Rosa! Ella era petita, petita, y jo ja tenía vint anys! Te 'n recordas de quan se va morir la mare? També deya la pobra que patía molt; y per cosas que jo no ho he sapigut may perque patía. Deya que 'l pare no la estimava; y jo no vaig veure may que li pegués; may. Ara tu t' hi semblas á la pobra mare. May ho havía reparat que t' hi semblessis tant!. *(Quedan plorant.)*

ESCENA VII

MARÍA ROSA, QUIRSE, TOMASA. Ve del carrer. Ells segueixen plorant y ella parla sens adonarsen.

TOMASA

Qué 't pensas qu' estava per mí 'l Marsal? No sé que li passa á aquest home! Jo li deya que volía sentir la carta, y ell... «glorificat toca á matinas,» fentme preguntas del Badori. Al cap d' avall me la ha dita de

TOMASA, *despertantse soptada.*

Hont es lo mico?

QUIRSE

No dormis, dona.

TOMASA

Qué n' has de fer tu?

ESCENA IX

MARÍA ROSA, TOMASA, BADORI, QUIRSF, CALAU
y MARSAL.

MARSAL

Bona nit. *(Per Badori.)* Y la companyía.

MARÍA ROSA

(En Marsal!)

BADORI

(Bo!)

MARÍA ROSA, *perque no hi segui en Marsal.*

Badori, seu aquí, al costat meu.

MARSAL

(Ella que 'l crida!)

(En Badori parla baix á Maria Rosa. Ella no l' es-
colta per por d' en Marsal.)

TOMASA, *á Maria Rosa.*

Si m' acluco 'm tocas: sents?

MARSAL, *irónich.*

Están molt enfeynadas las donas.

TOMASA, *rihentse d' ell.*

Més que tu, sempre.

QUIRSE

Fins me fa rabia y tristesa arrenjar las eynas. Esca-rrássat, perque després no 't paguin.

(Llensant l' eyna que tenia á las mans á un costat.)

MARSAL

Es que n' hi ha massa de gent á la brigada. Jo del capatás en faría una tria ben feta: perque vaja, hi ha molta terregada. Comensaría per treure 'ls que van venir després á la feyna. Y repareu, Quirse, 'ls que no la van comensar la carretera son los més gandul, y pi-llastres.

QUIRSE

Es clar que si fossim menos gent...

BADORI

Ja teniu rahó, ja, que som massas. Sino que jo faría la tria d' una altra manera: avans dels ganduls y dels pillastres treuría als borratxos.

MARSAL, *pegant un cop de peu á terra.*

(Mal llamp!)

La Tomasa riu fort mirantse á Marsal.

QUIRSE

Tu més valdría que dormissis.

TOMASA

Qué hi farás si ara 'm desvetllo.

CALAU

(Ara jo 'ls faré riure.) Me sembla... me sembla que aquesta nit tindrém pluja.

ESCENA XI

MARÍA ROSA, TOMASA, QUIRSE, JEPA.

MARIA ROSA

Marsal! Aturéulo!

QUIRSE

Pero qu' has fet, dona?

MARÍA ROSA

Es que, germá, 'm descubría!

TOMASA

No entench res de tot aixó.

MARÍA ROSA

Jepa, corréuhi.

JEPA

Ara ray que tu no hi ets devant.

MARÍA ROSA

Que si hi ha una desgracia jo 'n tindré la culpa!

JEPA, *sortint*.

(A dormir me 'n vaig.)

MARÍA ROSA

Veshi germá! Anemhi tots, Tomasa!

QUIRSE, *sever*.

Be, que 't tornas boja? *(Resolt á Tomasa.)* Tu,
tanca! *(La Tomasa tancará la porta del carrer y
després encendrá un llum petit. Al anarsen se 'n durá*

'l llum gros á fi de que la escena quedi mitj fosca.)
Y tothom al llit. Bo! No sembla sino que 'ns hem
begut l' enteniment aquest vespre! *(A Maria Rosa
molt cremat.)* Al llit desseguida!

MARÍA ROSA

Adeusiau! Germá...
(La Maria Rosa vol acostarse á 'n Quirse per despedir-
sen, y no gosa.)

QUIRSE, *sever.*

Bona nit!

MARIA ROSA, *abrassant á la Tomasa.*

Tomasa!

TOMASA, *carinyosa.*

Vaja, bona nit, que demá parlarém.

MARIA ROSA, *mentres se 'n van.*

Bona nit... per vosaltres!
(Al sentirla Quirse s' atura y baixa 'l cap.)

TOMASA, *ficantse al cuarto ab lo llum.*

(M' estich cayent de son.)
(Maria Rosa está apoyada á la taula ab lo cap baix.
Quirse vol anar cap al cuarto, dubta y torna en-
rera.

QUIRSE, *conmogut.*

Estigas tranquila! *(Pausa.)* Pensa... Pensa ab la
pobreta mare!
(S' abrassan fort y se separan sanglotant. Ell se fica
al cuarto ajustant la porta.)

7

ESCENA XII

MARÍA ROSA

Y ells s' estarán matant! Y jo hauré fet que 's bara-
llin; jo mateixa! *(Agafa 'l llum; vol anarsen al seu
cuarto y 'l torna á deixar.)* Sino estaré be en lloch!...
Ni sé 'l que 'm fassi!... Deu meu, si aquesta nit moria
en Marsal tota la culpa fora meva; tota, tota!... *(Fa
un farsell de roba.)* Ser la seva dona, ah, may; mes
ferlo patir, aixó no més ho fan las donas dolentas!
(Deixa 'l farsell.) Jo d' aqui no 'm puch moure que
no 'm digan qué ha passat allá fora. *(Trucan á la
porta.)* Qu' es aixó? Diría qu' han trucat. *(Se sent
trucar altre cop.)* Han tornat á trucar! Qui será á
aquesta hora? *(S' acosta á la porta de puntetas.)*

ESCENA XIII

MARÍA ROSA. MARSAL., desde fora.

MARSAL, *trucant.*

María Rosa!

MARÍA ROSA

(En Marsal!) *(Tornant al mitj.)* (Que s' ha cregut
de mí!)

MARSAL.

María Rosa. óbrem!

MARÍA ROSA

(Oh. no!)

MARSAL

Que 'm trobo ferit!

MARÍA ROSA

(Ferit!)

MARSAL

Y sento que la meva vida s' acaba!

MARÍA ROSA, *corrent á la porta.*

S' está morint! *(Obrint y veyentlo.)* Marsal! Ay.
Verge Santíssima! *(Ell entra y tanca dissimulada-
ment.)* Vina; aqui, á la claror! Tu ferit! Mes d' ahont
estás ferit? Parla! Ahont la tens la ferida? Marsal! Mar-
sal! *(Perque ell no diu res.)* No 'm contesta! Deu
meu! Germá! Tomasa!

MARSAL

No, no! Tu sola, tu, María Rosa!

MARÍA ROSA

Ay, quin espant! Mes si deus estar patint! Veurás...
*(Vol anar cap al cuarto de son germá y en Marsal la
atura.)*

MARSAL

No; si ara ja no pateixo. Avans he patit, avans:
quan m' has dit aquí mateix que m' aborrías; que pri-
mer que ser meva serias tu d' en Badori. *(María Rosa
vol parlar. En Marsal que la te agafada segueix.)*
Vols una punyalada més fonda que aqueixa? La mort.
qué se me 'n dona? Que vinga ara mateix; ara, y que
m' acabi!

MARÍA ROSA

Mes si jo no ho vuy que tu 't moris. Marsal; perque
jo t' he enganyat sense entranyas; perque jo. Marsal.
jo t' estimo!

MARSAL

Que tu m' estimas, Maria Rosa! Oh, tórnamho á dir,
y aquí, perque jo 't crega!

*(En Marsal s' abrassa á Maria Rosa que hi consent
creyent sostenirlo.)*

MARIA ROSA

Sí, jo, jo t' estimo! Que estich fora de mí! Que t' es-
timo com si may hagués estimat en aquesta vida!

MARSAL

Maria Rosa, quin goig! Aixi 't voldría tenir sempre,
sempre; y durte aixís fins al altre cap de la terra. Si 'l
cor ja m' ho deya que un dia ó altre tu 'm voldrias.
Ets meva, meva!

*(En Marsal la besa: ella se 'n vol despendre, mes sens
conseguirho.)*

MARIA ROSA

Que vinga en Quirse; y la Tomasa... La teva fe-
rida, Marsal, la teva ferida!

*(Se 'n desfá dels brassos d' ell y va cap á la porta d' en
Quirse. Las paraulas d' en Marsal la aturan quan
hi era aprop.)*

MARSAL

Un instant! Espérat!

MARIA ROSA

Qué, Deu meu?

MARSAL

Que ben clar que t' ho he dit: sino que tu... no m'
has volgut entendre. Que la ferida... saps?... me la
havia feta no més lo teu despreci. Ara m' has dit que
m' estimavas: donchs la ferida ja es ben closa.

MARÍA ROSA

Jesús Deu meu! Qué tu no t' has barallat ab en Badori?...

MARSAL

Si ni l' he vist á 'n Badori!

MARÍA ROSA

Qué tu no estás ferit?!...

MARSAL

Mes si t' ho dich, que...

MARÍA ROSA

M' has enganyat! Oh, quína vergonya! Surt, surt! Desseguida!

MARSAL

Ah, no: ara no! Cóm vols que me 'n vagi si tu mateixa m' has obert la porta, y ara ho sé ben be que m' estimas?...

MARÍA ROSA

Ni una paraula més! Vésten! *(Obre ella la porta.)* Vésten! Que jo 't trech! Fora d' aquí! Depressa!

MARSAL

Passa gent. Que ho vols?

MARÍA ROSA, *torna á tancar.*

Oh, no! Ara no! Per mor de Deu que no 'ns sentin! Quína angúnia! Ja son lluny!

(Maria Rosa s' ha quedat escoltant vora de la porta. En Marsal hi va poch á poch sense que ella se 'n adoni.)

MARSAL

Maria Rosa. *(Carinyós.)*

MARÍA ROSA, *al sentirlo aprop fuig.*

Ah! No 't vuy sentir, ni véuret!

MARSAL

. Som sols aquí!...

MARÍA ROSA, *corrent á la porta de Quirse.*

Germá! Germá!

MARSAL

Donchs que vingan: y 'm trobin!

MARÍA ROSA

Ah, qu' has sigut lo diable per mi!

MARSAL

Lo diable, si que ho he sigut, sí; y ho soch! Mes soch un diable que s' ha emprendat de tu, que no tens ánima: mírat, si pot ser més remalehida la sort meva! Que tu m' encens y 'm lligas, com si al llarch del cos se 'm caroglés seguit, seguit una serp que may s' acaba! Mes si no ho pots saber fins hont arriba aquest desvari! Mirat, quan no surts de casa en tot lo dia, y sé que t' amagas per no véurem, quín desitj més encés de posar lo cap sota una roda ó de saltar tot jo á trossos en l' ayre al reventar la barrinada!.., Y á la nit, quan tot es tancat, y dormen los companys y 'l poble, jo, arrossegantme, com un llop que te fam m' acosto á aquesta casa, y m' estench devant del portal, y revolcantmhi rabiós per las sevas escletxas me crech que t' escolto y que 't respiro; y no es lo vent qui udola y qui sacut las portas, no, que soch jo mateix que ab lo cap m' hi rebato y que 't crido y ploro desesperat, com ploro ara! Sí; qu' estich plorant, que no puch més! Perque t' estimo, t' estimo y 'm moro!

MARÍA ROSA

(Oh, plora! En Marsal plorant, Reyna Santíssima!) Marsal!... Diuhen que tot potser si allá dalt ho volen que sia: tot no, tot no! Que jo donaria... fins la gloria del cel, Deu m' ho perdoni, perque tu, tot tu, fossis l' Andreu! Que l' Andreu y 'n Marsal fóssin una mateixa cosa devant de Deu y aquí dintre! *(Per son pit.)* Perque ara, á tu, jo no 't dech voler, no! Puch fins morirme estimante; pero jo no puch consentirho que aquí dintre 't vúlgan!... *(Per son pit.)* Que hi ha un altre en mi mateixa que ho vol per ell tot y pera sempre!... Y fins mort aquí dintre hi viu, y quan tu, Marsal, t' acostas jo 'l sento com s' aixeca y á tu 't crida: «Vésten d' aquí, fals company que has sigut, y 'm vols matar ara l' amor de la esposa! Fuig, traidor al amich! Lladre al amich! Enrera lladre, y traidor, y assessino!»

MARSAL, *fujint espantat.*

María Rosa, qu' estás dihent!

MARÍA ROSA

Sí, lladre y traidor, y assessino!...

MARSAL

Calla, calla! Que si algú 't sentía!... Per qué 'm parlas aixís? Per qué?

MARÍA ROSA, *plorant.*

Perque 'l dirho, contra tu 'm dona forsas!

MARSAL

(Y jo que m' he cregut!...)

MARÍA ROSA

Acabém, Marsal. Ningú t' ha vist entrar: vésten, corre!

MARSAL

Qué! Després de tot aixó qu' hem parlat aquí... encara no ho voldrás ser la meva dona?

MARÍA ROSA

Marsal, no!

MARSAL, *apartantla violentament.*

Donchs contra Deu y tothom!... que ja ho voldrás ara!   *(Apaga 'l llum.)*

MARÍA ROSA

Germá!

MARSAL

Sí, Quirse! Tothom aquí!

MARÍA ROSA

Pietat, Marsal!

MARSAL

Ens han sentit: tu mateixa te m' entregas.

(Obran lo cuarto d' en Quirse y 's veu llúm.)

ESCENA XIV

MARÍA ROSA, TOMASA, MARSAL y QUIRSE. En Quirse porta 'l llum. Ell y la Tomasa van vestits de qualsevol manera, veyentse que acaban de saltar del llit.

QUIRSE

Qué son aquestos crits?

MARÍA ROSA

Germá! Germá!   *(Abrassantshi.)*

TOMASA

Qué passa?

QUIRSE

Aquí 'n Marsal! Qué fas aquí?

MARSAL

Ja 'm veus.

QUIRSE

Cóm has entrat? Qui li ha obert la porta?... María
Rosa! *(Retxassantla.)*

MARÍA ROSA

Oh, no, Quirse!

MARSAL

Ella m' ha obert, ella. Que ho negui. ·

TOMASA

Tu! Oh!

QUIRSE

Germana!...

MARÍA ROSA

M' ha dit qu' estava ferit; qu' ell se moría! Y, m' ha
enganyat, germá!

MARSAL

La Maria Rosa fa 'l que vol, qu' ella es ben lliure.
M' ha obert perque m' estima.

QUIRSE, *volent embestir á Marsal.*

Que Deu 'm valga, sino!...

TOMASA, *contenintlo.*

Quirse!

MARÍA ROSA

Mátam á mí, germá, mes no te 'l cregas, que 'm vol
perdre!...

QUIRSE, *ab gran ira á Marsal.*

Au; fora! Al carrer!

TOMASA, *obrint la porta.*

Surt, vaja!

MARSAL, *somrihent.*

No: que jo la defenso á n' ella.

MARÍA ROSA, *plorant ab ira rabiosa.*

A mi l' Andreu me guarda! L' Andreu!

(En Marsal riu ab despreci.)

QUIRSE

Fora! *(Riu més en Marsal.)* Surt. Surt! *(Al
veure que no 's mou va á agafar una eyna del travall.)*
O aquí mateix!... Mal llamp!...

MARSAL, *seré y calmós.*

No cal: ja surto.

TOMASA, *ajustant rápit.*

Que 'l carrer es ple de gent!

ESCENA XV

MARÍA ROSA, TOMASA, MARSAL, QUIRSE, CALAU,
XICH, JEPA, y TRAVALLADORS, (que empenyent
óbren la porta, y que 's quedan aprop d' ella.

CALAU

Qué teniu? Hem sentit crits...

xicu, *als trevalladors que seràn darrera d' ell.*

En Marsal qu' es dintre!

TRAVALLADORS, *parlant entre ells.*

En Marsal!... En Marsal!...

(En Jepa s' acosta à Quirse.)

TOMASA

(Jo 'l mataría!)

MARSAL, *calmós, à Maria Rosa, de lluny.*

Ja ho saps, María Rosa. *(A Quirse y à la Tomasa, desde lluny, saludantlos ab la mà.)* Vaja, vosaltres!... *(Als trevalladors, sortint per en mitj de tots ells.)* Bon dia y bon hora, companys.

(Los travalladors riuràn fins que caygui 'l teló.)

QUIRSE, *volentlo embestir.*

Pe 'l nom de Deu! Deixéume! *(A Jepa que 'l conté.)*

JEPA

Calma, Quirse!

(Maria Rosa que havia quedat sentada, s' aixeca indignada al sentir las riallas, y torna à caure abatuda cubrintse la cara ab las mans.)

MARÍA ROSA

Estich perduda! Quina vergonya!

TELÓ.

Acte tercer

Interior d' una casa molt pobra, casi barraca. Al mitj la porta que dona al camp y aprop d' ella una finestra. A la dreta la porta de la cuina. A la esquerra la del cuarto de dormir, que estará mitj cuberta per una cortina deixant veure una part del llit. Taula de fusta blanca, calaixera molt pobra, banchs, cadiras, un mirallet, etc. Es cap al tart.

ESCENA PRÍMERA

TOMASA, QUIRSE, JEPA, CALAU, XICH. Los dos primers ab un munt de plata sobre la taula que compta la Tomasa; los altres escampats per la escena comptant diners.

TOMASA, *comptant.*

Setanta cuatra, setanta cinch, setanta sis, setanta... Qué he dit setanta set ó setanta vuyt?

QUIRSE, *volent acostarse 'ls diners.*

Porta, que no 'n saps tu.

TOMASA

Déixam estar, home. Setanta... nou, setanta... deu...

QUIRSE. *prenent lo munt.*

Veurás. torném á comensar.

TOMASA

Si no n' eixirás. que no hi estás fet á véuren tant.

QUIRSE

Y ara calla. Un, dos, tres, cuatre, cinch...

TOMASA, *prenentli 'l munt.*

Fuig. no hi enténs. Veurás jo, veurás.

QUIRSE

Déixamels á mí. *(Cremantse.)*

TOMASA

Un, dos...

QUIRSE

Pórta 'ls diners!

TOMASA

Un. dos, tres...

(Segueixen prenentse 'ls diners, disputant.)

XICH

Jepa, que n' esteu de content ab tants de diners!

JEPA

Més que tu n' hauría d' estar; perque tu en aquest mon arreplegarás encara moltas quinsenas, y jo si ja no las tinch arreplegadas...

CALAU

Eh que sembla mentida que 'ns ho hagin pagat tot?

JEPA

Ens van dir, lo dia que s' acabi la carretera cobrareu l' enderrerit y 'l corrent; donchs nosaltres l' hem acabada y ells han cumplert la paraula.

XICH

Jo, quan he vist tant diner estés fins m' he pensat
que 'm tornava boig d' alegría! Jepa, hi ha molt diner
al mon. Jo gayre be 'n tinch per una mula.

CALAU

Tu per una mula, y jo per una... per la dona. D'
ensá qu' he cobrat, totas las donas me semblan més...
donas, vaja: y que ja me las miro.

TOMASA, *pegantse ab en Quirse.*

Te, per burro!

QUIRSE

Tu ets la mal pensada.

TOMASA

Que 't creyas que me las quedaria jo?

QUIRSE

Bruixa! Més que bruixa!
(Tot pegantse fan anar algunas monedas per terra.)

TOMASA

Ay, Reyna dels Angels!

(Tots dos se posan á buscarlas.)

QUIRSE

Es clar, ets tossuda com un dimontri... y...

CALAU

Jo á la dona la faré anar més dreta!...

XICH

Si no 't surt guita. Jepa, ara arreglém alló. Teniu,
son las tretse pessetas que us debía.

JEPA

Estém en paus ab tu.

CALAU, *á Xich*.

Jo á tu 't dech...

XICH

Nou y mitja.

CALAU

Aqui las tens: tórnamen mitja.

XICH, *tornantli*.

Mitja.

CALAU. *á 'n Jepa donantli diners*.

Mitja, y set y mitja... y mitja, son vuyt y mitja. Ara no sé si me n' heu de tornar mitja.

JEPA

No home, qu' está be.

CALAU

Donchs son vostras, y gracias.

QUIRSE, *á Tomasa*.

Te; y désaho.

TOMASA

Tornémho á contar.

QUIRSE

No contis més, que hi seríam altra vegada! Eh que sembla mentida, Jepa? Ja la tenim llesta la carretera.

(La Tomasa du 'ls diners á la calaixera.)

JEPA

Quan la vam comensar, deyam: qui arribará á acabarla?... Te, hi hem arribat!

QUIRSE

No pas tots, que 'l pobre Andreu...

JEPA

Tens rahó, Quirse.

CALAU

Sino que si ell no hi ha arribat, ja hi ha arribat en
Marsal.

JEPA

Aquest si que ha acabat duas feynas en un dia: per-
que á las duas s' hi va posar ab lo mateix dalit: á la
carretera y á la María Rosa.

TOMASA

Qué xerras, qué xerras: quan se va comensar la ca-
rretera encara hi era l' Andreu. Si encara hi va treva-
llar tres ó cuatre mesos.

JEPA

Jo 'l que us dich es que 'l Marsal va comensar duas
feynas en un dia: la carretera y... l' engrescament per
la María Rosa. Y avuy l' hem acabada la carretera, y
avuy mateix se casa ab aquella. Ves si no es aixó.

QUIRSE

Y molt be que fa de casarshi.

(En Jepa s' arronsa d' espatllas.)

CALAU

Fins jo m' hi hauría casat. Ey, avans d' alló, qu' en
Marsal hi va entrar á casa vostra de nit.

QUIRSE

Hi va entrar senthi nosaltres devant. Oy Tomasa?

TOMASA

Ves ab que surtiu ara!

CALAU

Donchs en Marsal s' ha alabat devant de tothom...

8

QUIRSE

Devant meu no; que li hauría costat car, á fe de
Deu! Perque la María Rosa es tan honrada com vosal-
tres mateixos!

TOMASA, *á 'n Quirse.*

Saps qui ha xerrat? Donchs tothom ha xerrat! Y en-
cara 't diré que si no hagués sigut tot aquest bum,
bum, la María Rosa no s' hi casa avuy.

QUIRSE

Calla, dona, calla.

TOMASA

Jo tindría menos feyna, que ab aixó de la cuyna
estich!...

JEPA

Y que juraría que ja hi tens al foch los pollastres;
sento una fortor de cremat...

TOMASA

Ay pobreta de mi!   *(Anant á la cuyna.)*

ESCENA II

QUIRSE, JEPA, CALAU, XICH

CALAU

Ah, quin sopar de casori, Quirse!

QUIRSE

Que t' hi ha convidat en Marsal?

CALAU

Y á aquestos també. Oy Jepa?

JEPA

Com que nosaltres li hem regalat mitja dotsena de
pollastres.

XICH

Y vos. Quirse, qué li regaleu? Sou germans.

QUIRSE

Jo? Qué vols que li regáli? Aquí tenim cuatre tras-
tos; donchs que se 'n gaudeixin per ara com si fossin
seus. vetho aquí. Com que ab la Tomasa 'ns en aném
á comensar un altra carretera molt lluny... Al Aragó.
ves, y ells se quedan, que á n' en Marsal l' han llogat
al poble...

CALAU

Y... ahont dormiréu avuy?

QUIRSE

Avuy? La Tomasa y jo al hostal, y demá á trescar
per serhi aviat á la feyna.

JEPA

Vaja, fa tristesa tant temps plegats y ara escampem-
nos.

ESCENA III

QUIRSE, JEPA, CALAU, XICH, BADORI.

CALAU, *burlantsen.*

Ara ve en Badori. Veyam aquest que 'ls hi regala.
veyam.

BADORI, *fingint alegria.*

Tothom está més alegre! Ab tants diners!... A mi 'm
sembla que no 'ls tinch d' acabar may.

CALAU

Be. que no portas lo present?

BADORI

Y que será bo. Com que 'ls hi regalo tot lo vi que beurém aquest vespre. Figureuse... *(Riu.)* Ara m' hi repenso: ja us ho contaré tot menjant.

JEPA

Y digas: no li tens malicia á 'n Marsal?

BADORI

Gens.

QUIRSÉ

Y per qué n' hi ha de tenir?

CALAU

Jo ja ho sé: com que tu t' hi volias casar ab la Maria Rosa...

BADORI

Oh, aixó avans d' aquella nit, que després no.

QUIRSE

Ja he dit á tothom que la Maria Rosa...   *(Cremat.)*

BADORI

Voleu que us ho diga? Jo may he cregut res, sino qu' ell va voler comprométrela y 's sortí ab la seva.

QUIRSE, *pegant un cop de puny á la taula,*

Es que no la va comprometre!

BADORI, *volent dir lo contrari.*

Clar que no.

CALAU, *id.*

Be, si.

JEPA

Ell en lo que va fer mal, es en ferse obrir ab aquella escusa de que estava ferit.

BADORI, *rihent.*

Ferit!... Y ni 'ns vam tornar á veure aquell vespre! Sino qu' ell...

QUIRSE

Ell s' hi casará ara! Y no se 'n parli més d' aixó.

BADORI

Y es clar, home. Jo lo que vuy es que sigan ben felissos; que ja ho sap en Marsal que no li tinch cap malicia.

CALAU, *á 'n Jepa.*

Alló de la guineu, sabeu Jepa?

JEPA, *á Calau.*

Y qué dirá 'l xicot!

XICH

Si se li coneix que 'n te una pena!... Badori, quan t' hi jugas que si la María Rosa?...

(Riuhen burlantse d' en Badori: callan de cop perque entra en Marsal.)

ESCENA IV

MARSAL, BADORI, QUIRSE, JEPA, CALAU, XICH

MARSAL.

Com va aixó, Quirse?

(Molt satisfet y vanitós sempre.)

QUIRSE

La Tomasa, fent lo sopar: y que hi te ánsia.

MARSAL

Y la María Rosa? Ahont es?

QUIRSE

Oh, y que tens rahó! No ho sé: no pot trigar gayre.

MARSAL

Ara son més de las sis. Avans de las set es lo casori, companys.

BADORI, *dissimulant un xich.*

Que n' estás de cofoy!

MARSAL, *ab intenció.*

Més que tu. *(Tots riuhen, en Badori també.)*

BADORI

Veurás, ja t' ho vaig dir: ella t' ha volgut á tu, donchs llestos.

MARSAL

Això va á naturals, veus? Jo no me 'n hauria aconhortat.

BADORI .

Es que jo hi anava de broma.

MARSAL

Oh, es clar; tu de broma!... *(A en Quirse.)* Ahont es la María Rosa?

QUIRSE

Potser ho sabrá la Tomasa. Veurás...

(Va á la cuyna.)

MARSAL

Pobre Badori! Y ara ja 't deus basquejar per un altra?

BADORI, *bromejant.*

Ara faig huelga.

MARSAL

Eh, que 'n fa de goig la María Rosa?

BADORI

Ja ho crech, home. (Jo no me 'n burlaría d' ell si m'
hagués preferit...) *(Se 'n va ofés.)*

JEPA

Marsal, tingas més bon cor, home.

MARSAL, *á Quirse que torna.*

Donchs que no ve la María Rosa?

QUIRSE

Oh; diu que no sap ahont ha anat.

MARSAL

Ja ho acabaré jo aixó.

QUIRSE

Veyám si jo la trobo.   *(Surt pe 'l fons.)*

MARSAL

Donchs, sí, minyons: á tot s' arriba en aquest mon
quan se te perfidia.

CALAU

Jo quan n' atrapi una, si 'm surt del morro fort ja 't
vindré á trobar perque m' ensinistris. Eh?

MARSAL, *ab presunció.*

Noy, disposa: ja ho saps.

JEPA, *ab segonas.*

Ja ets ben tuno, ja, Marsal.

XICH

Si n' es?

JEPA

Quan ell s' ho posa á la clepsa!... Eh, que feya molt temps qu' estavas emprendat de la María Rosa?

MARSAL, *cayent al llas.*

Mireu, Jepa, aixó ve del primer dia que la vaig coneixer. Ella passava, y jo 'm vaig dir: «T' hi casarías ab aquesta dona.» Batua! Ja ho era de casada! Mes la fatlera ja la tenía: y forta!

JEPA

Y quina malicia quan ho vas saber que ho era de casada! Me sembla que 't veig: ab lo teu geniás!

MARSAL

Mireu, jo soch molt estrany!... Fins lo dia que la vaig coneixer totas las donas m' eran iguals: si hagués sigut rich n' hauría tingut las que 'm fessin falta, pero aixó que 'n diuhen enamorarsen... ca! Donchs á la María Rosa, ja de cop y volta li vaig posar un interés tant gran, que, creguéuho, alló semblava cosa de bruixas. Y 'n feya de bestiesas per ella! Y m' acontentava d' una mena de cosas! No us en rigueu vosaltres que encara no heu guanyat cap dona. Sabeu una de las cosas que m' agradava més?

CALAU

Dígala.

XICH

Va.

MARSAL

Donchs era que la María Rosa 'm rentés tota la roba meva. Jo me la mirava ficantme per un brut d' esbar-

sers y de gatosas: me punxava tot jo, pero hi era
apropet! Y ella al tor,ent, remangada de brassos, aga-
fava la meva blusa, la meva samarreta... tot; y ho re-
bregava, y rebregat ho ficava á l' aygua que corria, y
ho tornava á treure, passanthi 'l sabó, cubrintho de
bromera, peganthi fort á sobre, escorrentho, amanya-
gantho sense adonarsen, com si hi fes posturas: y jo,
que bestia, eh? Hi gosava com si fos dintre!

CALAU

Y ella que hi deya quan la emprenias?

XICH

Que ho sabía ella que n' estessis enamorat?

MARSAL

En sou molt de ruchs!

JEPA

A n' en Marsal no li convenía que ella ho sapigués
encara. *(Ab intenció.)*

MARSAL

Aixó mateix.

JEPA

Com que encara tenía marit ella.

CALAU

Ves si tu podías sospitar may que ella quedés viuda
tan aviat.

JEPA

Y potser sí que ho sospitava. Devegadas lo cor...
(Mirant fixo á en Marsal.)

MARSAL, *dissimulant.*

Y per qué ho havía de sospitar? Y... ara que me 'n

recordo: tot aixó sería despres de mort... aquell, l' An-
dreu. Sino que en un dia com avuy un hom no sab
lo que s' empesca. *(Riu fingint alegria.)* Ara es
aqui la María Rosa.

ESCENA V

MARÍA ROSA, MARSAL, y JEPA, CALAU y XICH
que se 'n van.

*(Entra la Maria Rosa y sense fer cas de ningú se 'n
va á seure en un costat, trista y cansada.)*

JEPA

Noys, deixemlos.

CALAU

Anémsen á mudar.

JEPA

(Quan més va, més sospitas en tinch d' aquest.)

(Surten.)

MARSAL

Noya. María Rosa!

MARÍA ROSA

Ah! No t' he vist al entrar.

MARSAL

Se pot saber d' hont vens ara?

MARÍA ROSA

Vinch... Veurás, no m' ho preguntis. Déixam veure
la Tomasa. *(Volent anar á la cuyna.)*

MARSAL

Es que vuy saberho d' hont vens!

MARÍA ROSA

Ho vols saber? Donchs vinch de la rectoría. Veyám com están las cosas d' aquí: Tomasa!

MARSAL

Espérat, espérat. Y qué hi has anat á fer á la rectoria? Tots los papers estavan despatxats y ja t' has confessat aquest matí. No ho entench.

MARÍA ROSA

Veurás, las donas som aixís. Devegadas un escrúpol...

MARSAL

Es que no 'n vuy que 'n tinguis d' escrúpuls, sense solta!

MARÍA ROSA

Vols que t' ho digui?... Donchs he anat á trobar al senyor rector perque 'm digués com m' ho havia de compondre per desfer lo casament. Ja ho sabs ara.

MARSAL

El nostre casament? Qué t' has tornat boja!

MARÍA ROSA

No 's desfará, no: ja hi sortirás ab la teva. *(Ab pena.)* Si no que, Marsal, *(plorant)* jo no 'l vuy olvidar á l' Andreu may de la vida! Pobre Andreu de la meva ánima, que avuy soch la dona més dolenta que ha trepitjat lo mon!

MARSAL

Be, qué li has dit al rector? Qué son totas aquestas comedias?

MARÍA ROSA

Qué li he dit?... Qu' en aquest poble vaig conéixer
l' Andreu; y en aquest poble mateix, com si fos un
cástich de Deu per donarme pena, en aquest poble
mateix tinch de ser d' un altre home!

MARSAL

Ves en quinas cosas s' encaparran!... Quina culpa 'n
tením tu y jo si aquí s' ha acabat la carretera. Y aixó
no sé á qué ve, perque tu ja ho sabias.

MARÍA ROSA

Mirat. Guayta: va ser en aquella masía. la més
aprop. Ell trepitjava al cup y jo era veremadora.

MARSAL

Ja m' ho has contat cent cops. Te tornas cansonera,
dona.

MARÍA ROSA

Donchs al sortir de la iglesia aquest matí me 'n hi
he anat á la masía: no sé com ha sigut... pero 'l cor
m' hi duya, m' hi duya!... Tot está com avans, tot, en
aquella casa. Lo lloch ahont nosaltres las fadrinas so-
pávam, lo cup ahont trepitjava l' Andreu ara sech y
tapat com una sepultura; aquell cup ahont lo van ferir
y ahont ab lo most s' hi barrejava la seva sanch!...
Allí vaig comensar jo á estimarlo, y ell allí mateix...

MARSAL, *agafantla pel bras.*

María Rosa!

MARÍA ROSA

Si que hi he anat, si! *(Sempre plorant.)* Y al
véureho m' ha semblat que l' Andreu era al meú de-
vant reptantme de mala dona! Y he arrencat á corre
com una boja fugint d' aquella casa, y d' ell, que 'm

perseguia! Qué fer, Deu meu, perque jo me l' estimo
á 'n Marsal! Jo no sé com ha sigut tot aixó, pero jo
ara me l' estimo.

MARSAL, *satisfet.*

Y es clar, dona. Au, que 's fa tart, y... vesteixte.

MARÍA ROSA

No; sápigaho tot. Me 'n he anat á la rectoria, y li he
dit al senyor rector que m' ajudés á separarme de tu.
Marsal, per tancarme per sempre ahont ell vulga! M'
ha preguntat si jo t' estimava! Oh, si no me l' estimés
fora la dona més ditxosa de la terra! Y ell al sentirho
m' ha dit que 'm casés ab tu.

MARSAL

Fins lo senyor rector, qué més vols?

MARÍA ROSA

Marsal, no m' enganyis; digamho mirantme als ulls,
m' estimas?... ab tota la teva vida?

MARSAL

Si jo no t' hagués estimat may!... Igual que tu, fora
més ditxós de la terra. Ara!...

MARÍA ROSA

No sé com dirtho, Marsal. Me vols... ab voluntat
de... de bon home? Com jo 't vuy á tu? Digamho: no
t' apartis.

MARSAL, *vanitós.*

Dona!... T' he triat á tu quan tantas m' anavan al
darrera. Ab aixó...

MARÍA ROSA

Es que tu no ets prou bo, Marsal: t' has alabat de
que 't vaig obrir la porta y de que vaig ser teva... y
aixó es de mal home... perque es mentida.

MARSAL

Dihentho 't lligava á mí: y perque no te 'n puguessis anar... qué no hauría fet jo! Per arribar fins á tu, he passat per sobre de tot, de tot! No 'm perdonas tu tot lo que he fet perque fossis la meva dona?...

MARÍA ROSA

Si que t' ho perdono; perque jo, pobra de mí. passo per sobre del Andreu! Oh!

MARSAL

Calla!

ESCENA VI

MARÍA ROSA, TOMASA y MARSAL que se 'n anirá.

TOMASA, *ve de la cuyna.*

He fet un alioli que us llepareu 'ls dits. Sembla argamassa d' espés.

MARSAL, *á María Rosa.*

Vesteixte depressa, qu' es tart. Jo també 'm vaig á mudar.

MARÍA ROSA, *corrent á la calaixera.*

Si, si.

MARSAL

(Diu que tot m' ho perdona! Quan una dona s' entrega... Fins lo que vaig fer á l' Andreu m' ho perdonaría.) *(Se 'n va.)*

TOMASA

Noya, no hi podré venir á la iglesia jo. Qui 's cuidaría d' aixó... y de parar taula. *(Pausa.)*. Ja ho has sentit lo del alioli? Que no parlo ab ningú jo?

(La Tomasa ha tancat la porta del carrer.)

MARÍA ROSA

Sí; ves dihent, ves dihent. Jo avuy estich...

(Se comensa á despullar.)

TOMASA

Que vols que 't pentini?

MARÍA ROSA

Ja 'l tinch be 'l cabell.

TOMASA

Ansia, donchs: y si vols res crida. Ey, posat ben bufona. *(Va á la cuyna.)*

(La María Rosa 's mudará 'l mocador del coll, lo jipó y las faldillas de sobre. Aixó fet á estiradas, nerviosa.)

MARÍA ROSA

(Quan més depressa enllesteixi, millor. *(Pausa. S' assenta baixant lo cap, com si estigués cansada de vestirse.)* Ay Senyor! Avuy no dech parlar del pobret Andreu! *(Se torna á alsar.)* Estarmen de parlar d' ell, no costa gayre: lo que costa es no pensarhi. *(Al posarse las faldillas negras.)* S' han tornat rojas aquestas faldillas. Las vaig estrenar lo dia'... Per una dona com jo massa be qu' están! Lo mocador del coll deu ser aquí dintre... *(Obre un calaix, no hi es. Busca en altre.)* Será en aquest altre. Qu' es aixó? No sé... Mare de Deu!... Es la blusa del Andreu! La més velleta que tenía! La que jo m' estimava més de totas!

Ahont es aquell pedás?... Aquí. Es d' unas faldillas
mevas dolentas lo pedás; de quan veremavam. No s'
hi diu gayre, sino que ell va volerlo!... *(Arrenca en
plor.)* Jo no la donaré may, may aquesta blusa; ni se
la posará aquest home!)

*(Corre á amagarla al calaix, y al sentir que ve la To-
masa treu 'l mocador del coll y se 'l posa de cualse-
vol manera.)*

MARIA ROSA
TOMASA

Quina oloreta, eh? Los talls de pollastre saltan á la
cassola que sembla un ball á plassa! Vina que ho veu-
rás. Si 'l portas á la guerjé 'l mocador. Tómbat que te
l' adressaré. Ja está.

MARÍA ROSA, *molt atrafegada.*

(Ara la mantellina. Aixís. Aixis!)

TOMASA

No tant endevant; deixa.

MARÍA ROSA

Ja está be; de qualsevol manera.

TOMASA

Tu mateixa, noya. (Perque 's casa duas vegadas se
torna més orgullosa! Com si las donas que no 'ns que-
dém viudas hi poguessim fer res en aixó.)

(Torna á la cuyna.)

MARÍA ROSA, *mirantse al mirall.*

(Se 'm coneixerá que he plorat, y tothom!... Jo po-
gués riure forsa tota la vetlla!... Si 'm sembla que vaig
á un enterro... tota negra!... *(Pausa.)* Y aquella
pobreta blusa que 'm crida... *(Al acte que vol anar
cap á la calaixera trucan. Dupta y al últim va á obrir
perque tornan á trucar.)* Quina pressa! Y ara esti-
guém alegres! *(Ab pena y rihent al obrir.)*

ESCENA VII

MARÍA ROSA, TOMASA, QUIRSE, MARSAL, JEPA, CA-
LAÙ. XICH, y un HOME y una DONA més. Anirán entrant
quan s' indiqui.

MARSAL, *entrant ab en Quirse.*

Nosaltres ja estém à punt.   *(À la Maria Rosa.)*
Casi no 't coneixia.

MARÍA ROSA

Ja 'm veus: quan vulgas.

QUIRSE

Per mi ja hi podém anar.

MARSAL

Àpala! La Tomasa?... Y 'ls altres?

QUIRSE

Qué fa aquella que no enllesteix?

(Anantse á ficar á la cuyna.)

TOMASA, *sens deixarlo entrar.*

Vésten, vésten d' aqui!

QUIRSE

Ja me n' he anat, dona.

TOMASA

Y no tornis á entrar, perque rebràs.

QUIRSE, *per la Tomosa.*

Tu, María Rosa, miratela encara.

MARÍA ROSA

Que no 't mudas?

9

TOMASA

Sí, per cásaments estich! Ab aquest tráfech? Que me 'n vági á la iglesia y que allá dintre se m' agafi la cassola!

CALAU, *entrant.*

No, no us mogueu! *(Entra en Jepa.)*

TOMASA

Y qui pararà la taula?... Y posará 'l vi en fresch? Aneu, aneu; jo 'm quedo. *(Va dintre.)*

MARSAL

Aném.

XICH, *entrant.*

Miratela la nuvia!

MARSAL

Aném!

QUIRSE

Falta en Roch y la seva dona. Sino aquesta aniria sola...

CALAU, *á la porta de la cuyna.*

Tomasa, com va aixó?

TOMASA, *pegantli ab lo ventall y entornántsen.*

Arri al botaván!

(Arriban sens passar de la porta en Roch y la seva dona.)

JEPA

Ja son aquí tots.

XICH

Que comensém á passar?

MARSAL

Si, sortim. Espereuse. Falta en Badori. Jo vuy que hi sigui en Badori, perque n' aprengui. Oy, Maria Rosa? *(Rihent.)*

XICH

Ja 'ns trobará á la iglesia.

QUIRSE

Que 's fa tart!

MARSAL

Aném, donchs. Sortiu!

(Van sortint. Los últims d' anarsen son en Quirse y la Maria Rosa.)

QUIRSE

Au, Maria Rosa: no t' entretinguis.

La Maria Rosa, quan es sola, corre á la calaix·ra, y estreny la blusa contra 'l cor arrencant á plorar.)

MARIA ROSA

Andreu, adeu, adeu per sempre!

MARSAL, *tornant á entrar.*

Qu' esperas, que no surts?

MARIA ROSA

Aném! Corre! *(Surt fingint alegria.)*

ESCENA VIII

TOMASA. després BADORI.

La Tomasa ve ab una rastellada de plats blanchs y alguns gots
assobre. Del calaix de la taula treurá culleras y furquillas de
fusta, unas estovallas y algun ganivet y la ganiveta del pá.
Encén un llum que penjará demunt de la taula.

TOMASA

(Arri á casar! *(Al véurels marxar.)* Massa aviat que
tornarán, que jo no estaré llesta. Ja veuréu, encara no
serán aquí y ja cridarán per l' arrós! Com que aquells
no hi han vingut pe 'ls nuvis, que hi han vingut per l'
apat. Farts, més que farts. *(Va parant taula)*. En
Jepa ja diría que tot lo del mon es aixis: mireu qu' es
animalot en Jepa! Per ell tota persona nada fa com
nosaltres; sino qu' ell diu, 'ls uns son richs y 'ls al-
tres pobres! No n' hi ha poca de diferencia de tú a mi,
que diguessim. Ves si jo hagués vingut al mon mar-
quesa ó con... ó conda, si ara tindría aquestas angu-
nias del sopar. Ay, pobreta de mí; la cassola!)

*(Al fugir cap á la cuyna arriba en Badori ab un bot
de vi al coll.)*

BADORI

Tomasa!

TOMASA, sens aturarse.

Ja torno.

BADORI

(Millor que ja hi sigan cap á la iglesia. Ja 'ls faré en-
rabiar, ja, ab aquest vi! Tant ell com ella que s' enra-
biarán; y forsa!)

TOMASA, *ab una cullera á la má.*

Badori. te; tasta aquest such.

BADORI

Veyàm.

TOMASA

Qu' es salat? Qué potser lo trovas dols? Qué hi trovas?

BADORI

Cou!

TOMASA, *satisfeta.*

Aixó es la gracia de Deu de la meva terra. Es lo bitxo, saps? Vaja, alábam, home.

BADORI

No, no 'm fa res á mí que cogui. Ah, ara vos; que tastareu aquest vinet. *(N' aboca en un got.)*

TOMASA, *pegantli un cop de colso.*

Prou, prou, boig.

BADORI

Veyàm que m' hi diheu.

TOMASA

Cou!

BADORI, *rihent.*

Y que no hi ha bitxo.

TOMASA

Es fort com una rehira de bet! Hi·deu haver més esperit! *(Ella segueix arreglant la taula.)*

BADORI.

Qué hi te d' haver, qué hi te d' haver! Sino que te tres anys fets, y la edat no l' amaga l' home.

TOMASA

Ets rumbós, noy; á fé t' ho dich.

BADORI

Quan jo m' hi poso!... Y endemés, que no vuy que la María Rosa y 'n Marsal se pénsin que m' hi enmurriat perque 's casan.

TOMASA, *mirant en l' ayre.*

Calla, que 'm destorbas. En Jepa set, en Calau vuyt.... nou, deu. Sí, serém deu. Ves dihent ara.

BADORI

Oh!... Es que no sé ahont eram.

TOMASA

Ahont? *(Rihent.)* A... la María Rosa; tira, tira.

BADORI

Es á dir, que vos us penseu que encara n' estich agradat de la María Rosa?

TOMASA

Jo 'l que sé es que tu t' hi haurías casat. Ves á mi qué 'm contas!

BADORI

Be, per vos que me la estimo ó no me la estimo?

TOMASA

No 'm vingas ab aixó de l' estimar; que encara no us entench á vosaltres, ni ganas. Sempre esteu si tu m' estimas, si jo t' estimo: sembleu criaturas. Jo may li he dit aqueixas ximplerias al Quirse; y un dia que 'm

va voler fer un petó, y aixó que ja eram casats, li vaig
clavar un revés que va anar per terra.

BADORI

Encara 'm fareu riure: y á fe que no 'n tinch ganas.

TOMASA

Veurás: estira d' aqueixa banda las estovallas. *(Ella
estira del altra.)* Aixó sí; pe 'l Quirse aniría á peu
coix tota la vida... *(Cremantse al veure que 'n Badori
se 'n riu.)* Y 'm treuría 'l menjar de la boca per ell!
Sí! Y... si se 'm moris lo Quirse jo me 'n hi aniría al
darrera. *(Aixó ab tristesa marcada. En Badori fa
soroll ab un plat. La Tomasa cambiant de cop.)* Ja
m' has trencat un plat! Malviatje l' home!

BADORI

Si no ha estat res.

TOMASA

Mentres tant jo no enllesteixo: cuatre á cada banda y
dos als caps... Aixis. Veurás: ara omplim lo porró. Ja
hi ha tres gots per aixó, saps?

BADORI

Es més fresch que...

TOMASA

Així 'ns estalviém feyna. *(Ella ab lo porró.)*

BADORI, *ab lo bot.*

Ja l' abocaré jo.

TOMASA

No sobre la taula, que 's tacarán las estovallas! Veu-
rás; vina aquí. Tira ara. *(Ella acotada aguanta 'l po-
rró. Ell va abocant poch á poch.)*

BADORI

Sabeu que penso ara, Tomasa?

TOMASA, *renyantlo.*

Mira que 's vessa!

BADORI

Donchs estich pensant... que encara feu goig.

TOMASA

Tira, tira, ximplet.

BADORI

Oh, no s' hi pot anar depressa ab aixó.

TOMASA

Qué deyas ara?

BADORI

Ara?

TOMASA

Sí, que feya goig, home.

BADORI

Y forsa que 'n feu, vatua! Y may me 'n havia atala-
yat com ara. Y si no fosseu casada...

TOMASA, *cremada.*

Es que jo no vuy fer goig sino al Quirse! Ho tens
entés? Y aqueixas cosas á mi!... *(Cambiant rápit.)*
Per aixó digas, digas.

BADORI

Res: que si no fósseu casada us faria demanar.

TOMASA, *rihent fort.*

Ay que 'm fas riure ab aixó de que 'm farías dema-
nar!

BADORI

Donéumel.

Ella li dona 'l porró qu' ell vol deixar sobre la taula.)

TOMASA

Aixúgal, que farás tacas.

(La Tomasa li pega un cop y aixuga 'l porró ab lo devantal.)

BADORI

Potser sí que us agrado una mica, Tomasa.

TOMASA

Noy, gens; ni una pussa, pussa.

BADORI

Com que m' heu pegat com al vostre home...

TOMASA

· Oh, á n' ell va de veras. Pobre Quirse! Ens peguém d' un gust devegadas!...

BADORI

(Qualsevol que 'm sentis se pensaría qu' estich més alegre!)

TOMASA

Si crech que ja tórnan.

BADORI

Sí ja son aquí!

TOMASA

No 's pot estar ab plagas. *(Fugint á la cuyna.)*

ESCENA IX

MARÍA ROSA, TOMASA, MARSAL, BADORI, QUIRSE,
JEPA. CALAU, XICH. Un home y una dona més.

MARSAL

Fins la taula parada!
(La Maria Rosa y l' altra dona 's treuràn la mante-
llina l' una á l' altra.)

QUIRSE

¿Qué m' hi diheu de la dona?

JEPA

Qu' es un trumfo la Tomasa.

QUIRSE

Y que no ha volgut que ningú l' ajudés. Ni á plomar
las bestias.

TOMASA, *ve de la cuyna.*

Hont es aquella? La enhorabona, noya.

MARÍA ROSA

Gracias, Tomasa.

TOMASA

Y 'l marit? Ah; la enhorabona, Marsal; tócala.

CALAU

Mare de Deu, quina oloreta més dolsa, Tomasa!

XICH

Que no 'ns ho feu gruar gayre! Pe 'ls nuvis, sabeu?

CALAU

Jo tinch un mal de cor... y aixó es del espant: sempre espanta, vaja, un casament.

TOMASA

Esperéuvos, farts.

(Va á la cuyna; en Xich li va al darrera.)

XICH

Que jo 'm daleixo!

CALAU

Ara ja ho entench aixó del casarse. Si jo 'm pensava que costava més!... *(Va dihentho del un al altre y ningú li fa cas.)* Donchs... donchs lo capellá desseguida ho ha tingut fet.

JEPA

Qué no costa 'l casarse? Diu que no costa, Marsal!

(Rihent ab intenció.)

MARSAL, *dissimulant.*

No sé 'l qu' heu dit. *(A la María Rosa.)* M' has promés que aquest vespre estarias alegra.

(Al sentirho ella s' aixeca de cop com si despertés.)

MARÍA ROSA

Si qu' ho estaré, sí, Marsal; que no ho mereixes que jo 't donga cap pena.

MARSAL

Mírat en Badori! Ara riurás, ara. Badori; acóstat. home. Qué no 'm felicitas? Veyám com ho dius á la María Rosa.

BADORI

Prou.

MARSAL.

Escoltéu tothom. que 'n Badori felicita á... la meva
dona.

BADORI

Donchs sénse embuts, te: que jo desitjo á la María
Rósa que siga molt felís ab en Marsal; y á n' aquest li
desitjo també que siga molt felis ab tu. Ves si costa.

MARSAL.

Viva, noy! *(Tots cridan alegres.)*

BADORI

Ah! Y que duri fins... fins al dia del judici.

MARÍA ROSA

Gracias, Badori.

MARSAL, *á 'n Badori. Rihent.*

Tócala, noy. M' has enternit.

CALAU

Fins al dia del judici... de quí?

MARSAL

De tu, que no hi arribarás may.

CALAU, *cremat perque riuhen tots.*

Donchs en tinch més que vosaltres d' aixó... del ju-
dici! Y 'l que m' ho torni á dir!...

QUIRSE

Aquí ningú s' enfada avuy.

CALAU

Es que m' ho han vingut á dir... ase!

JEPA

Si ha sigut lo nuvi!

MARSAL

Si no estás content, ja ho saps!...

CALAU

Donchs si que me 'n vaig... Me 'n vaig ab... los ases.

(Cremat y plorós arriba á la porta.)

TOMASA, *ab la cassola.*

Apartéuse, que 'm cremo!

XICH

Ja es aquí!

ÇALAU, *cambiant rápit.*

La cassola! La cassola!

(Gresca de tothom. La Maria Rosa riu, mes sense pendre gayre part en la festa.)

XICH

Vivan los nuvis!

QUIRSE

Tomasa, qué t' has escaldat?

TOMASA

No, maco. *(Tocantli la barba á 'n Quirse)*

JEPA

Un miracle! La Tomasa ha fet una festa á en Quirse!

TOMASA

Aixó may! (M' ha escapat!) *(Tornant á la cuyna.)*

MARSAL

Tothom á taula!

ÇALAU, *ananthi 'l primer.*

A taula! A taula!

TOMASA, *tornant corrent.*

L' alioli!

QUIRSE, *á 'n Calau, treyentlo.*

Si aquest es lo lloch de la nuvia!

CALAU

Donchs aqui jo.

TOMASA, *treyentlo també.*

Tu, fora; que haig de ser aprop de la cuyna.

(Confusió general al sentarse. De cara al públich hi quedarán los següents, per aquest ordre: Quirse, Maria Rosa, Marsal y Jepa. D' esquena, també per aquest ordre, Badori, l' home y la dona que no parlan y Xich. En lo cap de taula de la banda de la cuyna la Tomasa y en l' altre en Calau.)

MARSAL.

La María Rosa aqui, y jo aquesta.   *(Per la cadira.)*

MARÍA ROSA

Quirse, 't vuy á la vora.

TOMASA, *á en Quirse al véurel aprop.*

Bo; ja 'm pendrás lo pa com cada dia.

QUIRSE

Jo escudello á la nuvia.

MARSAL

Llesqueu pa, Jepa: aquesta y jo avuy fem de senyors.

JEPA, *posantse dret per llescar millor.*

Lo pa de bodas diuhen qu' es millor que 'ls altres.

(En Quirse escudella á en Marsal.)

CALAU

Jo voldria 'l fetje.

TOMASA

Cadascú que 's posi. Pren, pren, Quirse.

QUIRSE, *posántsen*.

Vosaltres ja us arretglareu.

CALAU

Si trobeu 'l fetje...

TOMASA

Tot es bo del pollastre.

CALAU, *fentli senvas y á mitja veu*.

Tu, Badori, 'l fetje, saps?

MARSAL

No 'l trobará pas. Te mala sort avuy en Badori. *(Á la Maria Rosa.)* Es molt ben fet aquest pollastre. Oy puvilla?

MARÍA ROSA

En sab la Tomasa.

CALAU

Ey, ey, pollastre! N' hem pagat sis de pollastres.

TOMASA

N' hi ha de rostits, home.

CALAU

Com que no més hi ha un fetje...

QUIRSE

Deume 'l porró.

MARSAL

Y després que passi.

XICH

Y jo... pido la palabra.   *(Beu en Quirse.)*

MARSAL

A n' en Badori avuy se li entrabancará un os al ca-
nyó. Eh, que no es tot hu de tevas á mevas?

JEPA, *á en Marsal.*

Home no l' amohinis.

QUIRSE

Quin ví! Es d'alló!... Fins semblan resolis. Au, Mar-
sal, que no pari!   *(Beu en Marsal.)*

TOMASA

Es lo present d' en Badori.

QUIRSE

Noy, d' hont l' has tret? Es vell.

BADORI, *rihent ben marcat.*

Bebeu, bebeu!

MARSAL

Badori, vinga; encaixém. Ara si que veig que no 'm
tens malicia.

BADORI

Qu' es cas, home! A veure qué li sembla á la Maria
Rosa?

MARSAL

Tástal, veurás.

MARÍA ROSA

No encara.

MARSAL

Una mica, dona. Que ho pendría á despreci en Ba-
dori. *(Alsant lo porró.)*

MARÍA ROSA, *rihent.*

Que 'm tacarás.

MARSAL

Una mica, mica!...

MARÍA ROSA

Vaja...

*(En Marsal sosté 'l porró. En Quirse posa la má sota
la barba de la Maria Rosa pera que no 's taqui.*

CALAU

Que fa bonich!

XICH

Viscan los nuvis! *(Gatsara dels altres.)*

MARÍA ROSA

Si 'm feyas riure! Ets un plaga, Marsal.

(Mentrestant la Tomasa se 'n ha endut la cassola.)

CALAU

Ahont es la cassola? *(S' aixeca ab lo plat, mes
torna á seure perque ve la Tomasa ab los pollastres
rostits.)* Los pollastres! Los pollastres!

TOMASA

Y ara tu, Calau, cóntals.

MARSAL

Jo 'ls tallaré, jo, que 'm toca!

XICH

Te, un ganivet.

10

TOMASA, *donantli un altre.*

No aquest: lo de la punxa.

CALAU

Jo vuy cuixa.

MARSAL

Teniu: que ho acabi un altre. Déume 'l porró.

XICH

Veyám si avuy en Marsal se 'ns engata.

JEPA

(D' ensá que 's va morir l' Andreu que. no ho está…
Veyám si jo ara…) Marsal, fas uns tragos molt curts.

MARSAL

Curts? Mirat ara.

MARÍA ROSA, *rihent un xich.*

Prou, Marsal.

MARSAL

Fins que n' hi haji.

JEPA, *aixecantse y anant á parlar á 'n Badori.*

Que n' hi ha gayre més de vi?

BADORI

Mireu: casi es plé 'l bot.

JEPA, *avans de seure.*

(Donchs jo 't faré beure: y si tens que cant r. avuy
cantarás!)

MARSAL, *acabantse 'l vi del porró.*

Tot! *(Gatsara general.)* Calleu! *(Callan tots.)*
Donchs. si: que aquest vespre no vuy pensar en res
més sino en la Maria Rosa y ella no més qu' en mi.
Oy, muller?

MARÍA ROSA

Si; pero no beguis gayré.

JEPA

Déume 'l porró: jo 'l tornaré á omplir. (Ab got beurá més.) *(Lo trenca espressament.)* Bo!

TOMASA

Malviatja l' home! Sembla una criatura!

QUIRSE

Tindrém de beure ab gots.

TOMASA

Ompliu aquesta ampolla.

(La omple en Jepa. Tots demanan gots.)

CALAU, á 'n Xich.

Ja 'n tinch un de got. Pe 'ls dos.

MARSAL

Badori, en paga d' aquest vi, 't buscaré una xicota, perque no 't daleixis, m' entens?

(En Jepa posa la ampolla á taula y 's queda 'l bot al costat.)

QUIRSE

Pero d' ahont l' has tret aquest vi?

BADORI

Oh!... Es tota una historia!

MARSAL

Que la digui! Que la digui! *(Tothom ho demana.)*

BADORI

Vetaqui que jo me n' hi he anat á una masía que d' aquí 's veu, y que jo conech per haberhi veremat ara fa

tres anys. La María Rosa també hi era. Potser ja no
te 'n recordas?

*(La María Rosa 's fixará molt en lo que anirá dihent
en Badori.*

MARÍA ROSA

Sí; si me 'n recordo.

MARSAL

Prou. Deixemse de historias. Menjém y rihém y
fora.

JEPA

Que la conti!

*(Tots ho demanan menos la María Rosa, en Quirse y
en Marsal.)*

BADORI

Jo que li he dit al amo de la masía, perque hi viu, que
prou 'l conech; jo que li he dit si tenía un vi ben revell
y 'ben rebó. Y ell que m' ha dit que si que 'l tenia; d'
ara tres anys, d' una cupada de negre. Y preguntant,
preguntant he tret en clar que ab la María Rosa 'ls ha-
biam veremat aquells rahims y que 'ls habia trepitjat
tots...

MARSAL

Prou, he dit.

QUIRSE, *perque no segueixi.*

Badori!

JEPA

Deixéulo que acabi.

(Los altres també ho demanan.)

BADORI

Si ja está: que tot ho va trepitjar l' Andreu. Y aixó
no es cap mal.

MARSAL, *agafant un plat.*

Li tiraria! *En Jepa 'l conté.*

MARÍA ROSA, *ab angoixa.*

Badori, aquest vi es de la cupada que va trepitjar l'
Andreu, y 's va punxar trepitjantla, eh?

BADORI

Sí.

JEPA

Just. Y tu li vas treure la agulla...

MARÍA ROSA, *acostantli un got.*

Pósam vi, Badori

QUIRSE

(Aquest xicot se revenja.)

JEPA

(A fe que n' ha sapigut en Badori.)

MARÍA ROSA, *després de beure.*

No 'n beus tu, Marsal?

MARSAL, *ab terror dissimulat.*

No: ja he begut prou.

MARÍA ROSA

Es... del qu' era 'l teu gran amich. Es de l' Andreu.

MARSAL

No, no 'n vuy! Ápala, menjém forsa, y forsa gresca!
Qu' hem de fer? Tothom s' ha aturat! Qué no hi ha res
més, Tomasa? *(Ella va á la cuyna y tornará ab po-
mas, atmetllas, etc.)* Calau, que no vols més cuixas?
Te, y te! *(Posantli sens mirarshi.)*

CALAU

Prou, prou!

MARSAL

Enrahonéu! Cridéu! Trenquemho tot avuy!

(Fent soroll ab los plats ell mateix.)

JEPA, donant la ampolla á en Marsal.

Marsal, te; pósali vi á n' en Xich que no 'n te.
home.

MARSAL

Prou que n' hi posaré. Donchs que us pensavau?
Beu, Xich, beu. Qui vol que li posi més vi?

(Li tremola 'l bras.)

CALAU

Dónamen á mí.

JEPA

Y tú. Marsal, que no 'n beus?

BADORI

En Marsal no 'n beurá més de vi. Ara potser me ru-
mia una xicota.

JEPA

Ca, noy; es que li fa por de que dintre de l' ampolla
hi hagi la animeta...

BADORI, rihent.

Ara es en Marsal qui te un os al canyó.

MARSAL, riu per dissimular la emoció.

Qu' estás de broma, noy.

JEPA

Jo 't tenía per valent, Marsal. Digas, qué ho fa que
no gosas beure? Com si tinguessis por!...

(La Maria Rosa tant aviat se mira á un, com á altre,
com queda abatuda.)

MARÍA ROSA

Marsal, por... de qué? Déume la ampolla. Va per tú, Marsal. Beu! *(Li ha omplert lo got.)*

MARSAL

Y no tinch de beure! *(Beu depressa.)*

JEPA

Mireu, li tremola 'l bras.

CALAU

Sí que li tremola.

TOMASA

Es aquell ditxo m' han ditxo: que un home valent y una bota de vi bo tot seguit s' acaban.

QUIRSE

Calla tu. *(Riuhen, sobre tot en Jepa y en Badori.)*

MARSAL

Un altre got, ben plé. Esteu molt divertits; ja m' agrada, ja. *(Beu.)* No tinch por ni á morts ni á vius.

JEPA

Ara no 't tremola tant.

MARSAL

Poseu; més.

JEPA

Jo. *(Omplintli 'l got del bot mateix.)*

MARSAL

Veureu si estich seré. Miréusho. *(Beu. Riu Badori.)* De que se 'n riu aquest? Un altre.

(Li aboca en Jepa.)

QUIRSE

Prou!

TOMASA, *á María Rosa.*

Que no veus que 'l fan beure massa.

(La María Rosa aixeca 'l cap y se 'l mira sens dir res.)

BADORI

Ara si que veig qu' ets valent.

MARSAL

Valent, y decidit... y anant al dret, fins que surto ab la meva; que hi surto. Y, vaja, que encara xerraria massa. Y que no 'm vuy emborratxar... que no li convé á la llengua.

(La María Rosa aparta un xich la cadira y 's posa dreta tornantse á sentar.)

TOMASA

Treyéuli la ampolla. Donéumela.

(Se 'n du á la cuyna la ampolla que li ha donada en Quirse. Si convé que begui més li abocará en Jepa del bot, oposantshi en Quirse y la Tomasa. Tant aviat com se pugui que s' apartin alguns de la taula per donar moviment á la escena.)

JEPA

Tu fas be, Marsal, de no emborratxarte: devegadas un... Jo una vegada tenía un secret molt fondo...

MARSAL

Això, això.

JEPA

Y borratxo vetaquí que se 'm va escapar.

MARSAL

Ca, noy, ca! D' ensá d' alló... del capatás y alló...
que van agafar á l' Andreu, jo no m' he emborratxat.

*(En Quirse 's neguiteja: La Maria Rosa no acaba de
compendre lo que passa. En Badori riu sense veure
la trascendencia de la situació. La Tomasa va y ve de
la cuyna.)*

JEPA

Mira 'l payo! Jo 'm pensava que ho feyas per la Ma-
ri a Rosa.

MARSAL

No! Es á dir sí que ho feya per ella. Perque si ella
ho hagués sapigut alló del secret... *(Riu.)*

(La Maria Rosa s' aixeca y no torna á seure.)

MARÍA ROSA

Deu meu!

QUIRSE

Jo ho acabaré aixó.

MARÍA ROSA, *resolta, á Quirse.*

Déixals!

JEPA

Y ara potser que brindessim.

CALAU

Qu' es aixó del brindar? Que 's menja?

XICH

Que diu qu' hem de fer?

JEPA

Brindo perque 'n Badori no se 'n pensi una... y per
poderse casar ab lo temps ab la María Rosa no tregui
del mitj á 'n Marsal.

MARSAL, *posantse dret rápit.*

Donchs jo brindo perque 'n Jepa no sigüi tant xerraire!

MARÍA ROSA

Germá! Germá!

(Apartantse horroritsada d' en Marsal y abrassantse á 'n Quirse. En Marsal no se 'n adona del moviment de la Maria Rosa.)

BADORI

Que heu volgut dir, Jepa?

JEPA, *molt sério ara.*

Res: tot ha sigut per riure.

(Lo restant d' aquesta escena te d' anar rápit.)

MARÍA ROSA, *á Jepa.*

Pe 'l que més estimeu en aquest mon... deixéume sola ab ell! *(Tots volen calmar á la Maria Rosa.)* Anéusen fora; tothom, tothom, depressa.

QUIRSE

Aixó es lo vi, dona.

MARÍA ROSA

Ves, germá, si; ves depressa!

BADORI, *sortint.*

Ja estich content: m' hi revenjat.

QUIRSE, *á Maria Rosa.*

Pero qué tens?

MARIA ROSA

Que us en aneu fora; tothom á fora! *(Per son cor.)* Que m' estich morint aqui dintre! *(Tothom parla volentla calmar. No escolta á ningú.)* Si, si, demá m'ho

direu tot; y jo á vosaltres! Aneu, bona nit. Demá.
Fora, fora! *(Ella 'ls empeny.)* Jepa, si no potser
aixó!

JEPA, *sortint l' últim.*

No li preguntis res més!

MARÍA ROSA

Ah... tot! Y gracias.

*(La María Rosa tanca la porta. En Marsal no s' ha
donat compte de lo que passava al seu voltant. La
taula ha quedat ab las estovallas, plats, etc., Tot ab
gran desordre.)*

ESCENA X

MARÍA ROSA, MARSAL

*(En Marsal ha cambiat de lloch. La María Rosa s'
assenta lluny de la taula, abatuda.)*

MARSAL

Be, be, noya! Y quina trassa que tens! Ja tots son
fora. Demá al matí encara hi serían. Pillos!... Arri, tu!
Y tu! Arri! Te: tots.

MARÍA ROSA

(A l' Andreu... 'l va perdre... un altre home, y may
s' ha sapigut qui. *(Pausa. Alsantse.)* Oh, no, no!
Nostre Senyor no ho hauria volgut que aixó fos pos-
sible!) *(En Marsal ha quedat ensopit, recolsat en un
cap de la taula. Ella hi va rápida, removentlo perque 's
desperti.)* Marsal! Marsal!

MARSAL, *sobtat.*

Qué! Qué voleu!

MARÍA ROSA. *Arrencant en plor, dissimulant.*

Res, Marsal!

MARSAL. *pegant ab lo peu al bot.*

Mirat aquest vi es com si fos veneno! No es que estiga borratxo: aixó may més! Sino... qu' ell es veneno! Veneno!

MARÍA ROSA

Donchs te l' haurías d' estimar aquest vi. Jo vaig cullir los rahims, y barrejat ab ell fins hi ha sanch del... del teu millor company. Si per tu ell fins hauría donat la vida.

MARSAL, *irónich.*

L' hauria donada la vida? Si? Bueno. *(Riu.)*

MARÍA ROSA

Marsal, donchs que no te l' estimavas forsa?...

MARSAL

Ja veurás: nosaltres som casats, eh? Aqui hem fet saragata, y tots han fugit, eh? Ja ho sabs ben be que tots son fora?

MARÍA ROSA, *mirántsel fixo.*

Si.

MARSAL

Has tancat ben fort?

MARÍA ROSA, *idem.*

Si.

MARSAL, *posantse dret.*

Donchs s' han acabat las conversas. *(Llensant la gorra, y desfentse la corbata.)* Que tant d' amich y d' amich! Ja estich fins al coll d' aixó! Era 'l teu home.

*(Se treu 'l gech: ella l' atura perque ha donat un pas
cap á l' arcoba.)*

MARÍA ROSA

No; espérat.

MARSAL

Es que jo 'm despullo.

MARÍA ROSA

Seu. Y... parlém.

MARSAL, *sentantse.*

Encara més? Vaja!

MARÍA ROSA

En Jepa... saps? Es molt xerrayre en Jepa.

(Ella s' assenta un xich lluny.)

MARSAL

Uy!... Quin jutje!

MARÍA ROSA

Donchs... m' ha fet riure quan ha dit que 'n Badori,
per casarse ab mi, se 'n pensés una: una... cóm ho
ha dit? Una que á tu 't treguès del mon. M' ha fet
riure!

MARSAL, *va á alsarse; ella 'l conté.*

Ja li he entés á 'n Jepa, ja. Quin... Quin jutje!

*(En Marsal riu exageradament. La Maria Rosa s' aixe-
ca d' una revolada quedantse molt séria: de cop es-
clata en una rialla més exagerada encara qu' ell.
Després torna á seure.)*

MARÍA ROSA

Jo 'm penso qu' ell ho sap tot. Tot, tot.

MARSAL.

Ell no sap res: si es un xerrayre. Jo si que ho sé:
com que jo... *(Repensantse.)* Si que ho sé. Quin
jutje 'n Jepa!

MARÍA ROSA

(Deu meu!...) Es clar que tu ho saps; y ara ho sabrém
tots dos, perque jo soch la teva dona.

MARSAL, *descordantse 'l coll y 'ls punys de la camisa.*

La meva dona, sí! Y per sempre, sempre; que ara
no t' escapas!

MARÍA ROSA, *moventlo frenética.*

Que vuy que enrahonis! Que vuy saberho tot lo de
la teva vida! De des que vas néixer, tot!

MARSAL.

Sí, dona, si: lo de la meva vida. Mirat: diuhen que he
fet trenta anys. Fins als vint y set he anat com... com
una pedra; ara soch aquí... ara soch allà... Vaig venir
al mon lo dia que 't vaig veure; y ara 'n tinch... tres
d' anys. Remalehit vi,... que l' han fet los dimonis!

*(En Marsal se 'n va cap á l'arcova, agafantse á la cor-
tina.)*

MARÍA ROSA

(Y si fos ignocent aquest home! Y si jo l' estés ator-
mentant y matantme á mí mateixa!)

MARSAL, *cridantla ab la má.*

Vina! Vina!

MARÍA ROSA, *sense adonársen.*

(Mes ell ha dit sopant... Y qué ha dit?... Y si tot fos
mala voluntat d' en Jepa? Senyor, Deu meu!...)

*(En Marsal hi anirá de part darrera, posantli la má á
la espatlla.)*

MARSAL.

Com es que ploras?

MARÍA ROSA, *fugint esglayada.*

No, apártat! (Y si fos veritat! Oh. quina angunia!)

MARSAL, *rihent.*

Patatím, patatam! Semblan bojas las donas. Ara us
menjan á festas, ara ploran, ara us esgarrapan!...

*(La María Rosa ha anat devant del mirall; d' una
revolada s' ha tret lo mocador del coll y 'l jipó.)*

MARÍA ROSA

(Jo li regiraré tota l' ánima. Y 'm faré mal á mi
mateixa per arrencarli una paraula!)

(Se desfá 'l cabell comensántsel á destrenar.)

MARSAL.

Qué vas á fer. María Rosa?

MARÍA ROSA

Mirat. me despentino... y 'm despullo!

MARSAL, *alsantse y tornant á caure sentat.*

Y jo també! Sino qu' ara...

MARÍA ROSA, *destrenantse 'l cabell al seu costat.*

Sembla mentida que jo siga més valenta que no pas
tu. Es que en tot ho soch més valenta.

MARSAL.

Pts! Valenta! Si bufo 't faig caure.

MARÍA ROSA

Y com que soch més valenta 't tinch més estimació.
y he fet sempre molt més per tu que no pas tu per mi.

MARSAL

Que has fet tu per mí? Llengua has fet, llengua!

MARÍA ROSA

Qué he fet? Déixam seure.. Mirat: jo estimava á un home. Tant me l' estimava, que quan se va morir me vaig pensar que m' hi moria al darrera. Y per tu he deixat corre la seva memoria, tant, que ara que 't veig ben be meu, me sembla mentida que jo m' hagués estimat ni una mica á... l' altre...

(En Marsal se la contempla encisat y juga ab los cabells d' ella.)

MARSAL

Es á dir, que ja no te l' estimas gens ni gota á n' aquell?

MARÍA ROSA

Si fins me fa malicia pensar que m' hi hagués casat, y que á tu no t' hagués conegut de primer. Perque, vaja, no era com tu: ni tant resolut, ni tot ell m' agradava tant!...

MARSAL

Quina cabellera que tens! Un s' hi ofegaría aquí dintre.

MARÍA ROSA

Pero no ho diguis á ningú que jo 'l volía á l' Andreu...

MARSAL

A ningú: aixó de tu á mi.

MARÍA ROSA

Perque entre 'ls dos no hi te d' haber secrets. Cap secret, Marsal, cap!

MARSAL

Es clar que no n' hi hauría d' haber ni un de secret, sino que un hom...

MARÍA ROSA

M' embullas lo cavell, y demá al matí...

MARSAL

No, no tingas por. Ves dihent tu.

MARÍA ROSA, *baix.*

Jo per tu!... t' estimo tant que fins hauría fet ab l' Andreu...

MARSAL, *baix.*

Digas, María Rosa, digas.

MARÍA ROSA

Donchs jo, fins... Per poderme casar ab tu, fins hauría fet un disbarat. Fins hauría mort á l' Andreu *(Ab un senglot y abrassantshi.)* Ara ja ho soch la teva dona; ara ja ho soch, Marsal!

MARSAL

Si qu' ets meva, sí; tota meva!

MARÍA ROSA, *apartantsen.*

Pero tu no has fet res per mi. Esperar! Pts! Ves, ves!

MARSAL, *acostantshi.*

Jo? Fer posible que 'ns casessim. Si jo ho he fet tot!

MARÍA ROSA, *rihent y senglotant.*

Tu! Ca! Tu t' has aprofitat de la mort del Andreu.

MARSAL

Vina; aquí. T' ho diré en mos brassos.

MARÍA ROSA. *ab horror qu' ell no comprén.*

Oh, no! No!

11

MARSAL

No ho sabrás, donchs.

MARÍA ROSA, *llensantshi als brassos.*

Aqui 'm tens! Qué vols? Digas!

MARSAL

Que jo per tu!... *(Pausa.)* No ho diré, no!

MARÍA ROSA, *rabiosa, abrassantlo estretament.*

Oh 'l meu Marsal! Lo meu Marsal!

(*Fentli un petó que ell li torna.*)

MARSAL

Que vaig matar jo al capatás: y despres jo vaig perdre al Andreu, per tu!

MARÍA ROSA

Digas! Digas!

MARSAL

Que vora 'l capatás hi vaig deixar un mocador teu, que jo te l' habia pres!... Y vaig tirar jo 'l ganivet brut de sanch per sota la porta de casa vostra! Un altre petó!... Vina, María Rosa meva!

MARÍA ROSA, *retxassantlo.*

No! Apartat, vil! Assessino! Y jo estich casada ab tu! Y jo t' he besat! Oh, quin esglay! Mare meva!... A l' Andreu aquest tigre l' ha mort! Tu l' has mort, tu!

MARSAL

No cridis! Si, jo, si, perque t' estimava; perque t' estimo com un boig!

MARÍA ROSA

Fora d' aquí! Que t' agafin!

MARSAL, *perseguintla luxuriós per la escena.*

No, no! Qu' ets meva!

MARÍA ROSA

Al assessino! Correu! Al assessino!

MARSAL

Meva, meva! Que jo 'm moro de desitj de que ho sigas, mèva!

MARÍA ROSA

Móret, móret!

MARSAL

Tu ets la meva dona, per... per tota la eternitat!

(Se sent remor de la part de fora, procurant obrir la porta.)

MARÍA ROSA

Germä! Al assessino, germá!

MARSAL, *agafantla prop de la taula.*

Si... t' he agafat! Si 't tinch!

MARÍA ROSA, *lluytant per destersen.*

Andreu! Andreu!

MARSAL

Aqui! Aqui en mos brassos!

MARÍA ROSA, *agafant un ganivet de la taula.*

No!... Ah!

MARSAL

Cent petons! Mil! Tots, meus tots!

MARÍA ROSA, *resistint als seus petons.*

Vil!

MARSAL, *cayent los dos per terra: besantla.*

Te!... Te!

MARÍA ROSA, *clavantli 'l ganivet dos cops.*

Donchs te tu! Te! Te!

(S' alsará ella, mes ell no li deixará. las faldillas, que ab una má, desde terra te subjectas.)

MARSAL

Ah, sanch! M' has mort!

MARÍA ROSA

Germá!

MARSAL

No te 'n anirás! No... te 'n... anirás!

(Agonisant, mes sense deixar anar las faldillas d' ella.)

ESCENA XI

MARÍA ROSA, MARSAL, QUIRSE, JEPA, BADORI, CA-
LAU, XICH, TOMASA. homes y donas. Han conseguit
obrir la porta.

QUIRSE

Qué hi ha?

JEPA

Qu' es aixó?

BADORI

En Marsal! Sanch!

MARÍA ROSA

Miréusel! Si que ho era, sí, l'assessino del capatás! Y va perdre al Andreu! Jo 'ls he venjat; jo, jo l' he mort!

JEPA

Encara respira...

(En Marsal subjecta 'l vestit de la Maria Rosa, movéntlo en la agonia, y mormurant paraulas.)

MARÍA ROSA, *fent que en Marsal deixi 'l vestit.*

Al infern! Al infern! Malehit sigas! *(Se desprèn la má d' en Marsal al morir.)* Germá! *(La María Rosa fuig horroritsada abrassantse á en Quirse.)*

TELÓ

CPSIA information can be obtained at www.ICGtesting.com
Printed in the USA
BVOW02s2216240416

445460BV00023B/243/P